속담 먹고 자라는 문해력

• 차례 •

첫 번째 걸음

빈 수레가 요란하다 • 8
몸에 좋은 약이 입에는 쓰다 • 12
바늘 가는 데 실 간다 • 16
작은 고추가 맵다 • 20
되로 주고 말로 받는다 • 24
벼는 익을수록 고개를 숙인다 • 28

두 번째 걸음

소 잃고 외양간 고친다 • 34
등잔 밑이 어둡다 • 38
낫 놓고 기역 자도 모른다 • 42
말 한마디에 천 냥 빚을 갚는다 • 46
돌다리도 두들겨 보고 건너라 • 50
천 리 길도 한 걸음부터 • 54

세 번째 걸음

낮말은 새가 듣고 밤말은 쥐가 듣는다 • 60
발 없는 말이 천 리 간다 • 64
가는 말이 고와야 오는 말도 곱다 • 68
아니 땐 굴뚝에 연기 날까 • 72
똥 묻은 개가 겨 묻은 개 나무란다 • 76
사공이 많으면 배가 산으로 간다 • 80

네 번째 걸음

떡 줄 사람은 생각도 않는데
김칫국부터 마신다 • 86

공든 탑이 무너지랴 • 90

백지장도 맞들면 낫다 • 94

지성이면 감천이다 • 98

열 번 찍어
안 넘어가는 나무 없다 • 102

티끌 모아 태산 • 106

다섯 번째 걸음

세 살 버릇 여든까지 간다 • 112

콩 심은 데 콩 나고
팥 심은 데 팥 난다 • 116

개구리 올챙이 적
생각 못 한다 • 120

감나무 밑에 누워서
연시 떨어지기를 바란다 • 124

될성부른 나무
떡잎부터 알아본다 • 128

제비는 작아도 강남 간다 • 132

속담 마지막 걸음 • 136

속담 보따리 • 142

빈 수레가 요란하다는 충고도 몸에 좋은 약이 입에는 쓰다, 사공이 많으면 배가 산으로 간다, 하룻강아지 범 무서운 줄 모른다, 작은 고추가 매운 법, 나도 힘을 발휘할 수 있겠지요. 뒤로 주고 말로

첫 번째 걸음

밭을 수 있으니 신중히 행동하고, 벼는 익을수록 고개를 숙이니 겸손한 태도를 잊지 않겠어요.

빈 수레가 요란하다

모르는 사람이 더 아는 척하고 떠든다.
겉으로만 멋있는 척하고, 속은 별것 없다.

* **수레** 물건을 싣고 옮기는 데 사용하는 바퀴 달린 도구.
* **요란하다** 시끄럽고 떠들썩하거나 지나치게 화려하다.

수레는 많은 물건을 실어서 옮길 수 있어요. '수레' 하면 책 수레가 떠올라요. 옛날 중국의 시인 두보가 "사람은 다섯 수레의 책을 읽어야 한다."는 시를 썼거든요. 지금도 독서의 중요성을 이야기할 때 이 말을 자주 **인용**해요.

수레에 책이 가득 실려 있다고 상상해 보세요. 그런 수레를 끌면 소리가 날까요? 짐이 가득 찬 수레에서는 소리가 나지 않아요. 하지만 수레에 책이 한두 권만 덩그러니 실려 있다면, 울퉁불퉁한 길에서 덜컹덜컹 책이 굴러다니는 소리가 날 거예요.

이제 수레를 사람의 마음이나 머리로 생각해 보세요. **머리와 마음이 지식과 겸손으로 가득 찬 사람은 생각이 깊고 행동도 조용해요.** 반면, 수레가 비어 있는 것처럼 지식도 없고 생각이 얕은 사람은 말만 많고 행동이 **경솔하고** 시끄럽죠.

주변에 이런 사람이 있지 않나요? 가진 건 별로 없는데 부자인 척 **허세**를 부리거나, 아는 게 별로 없으면서도 큰소리로 아는 척 떠드는 사람. 이런 사람에게 '빈 수레가 요란하다'는 속담을 써요.

또 어떤 일이 **거창하고** 대단한 것처럼 소문이 났지만, 알고 보면 별것 아닌 경우에도 이 속담을 쓰죠. 평소 질문을 많이 하거나 아는 척하는 친구가 막상 제대로 아는 게 없는 경우도 있죠. 이런 친구들에게 이 속담이 잘 어울린답니다.

문해력 쑥쑥 낱말 공부

인용 다른 사람이 한 말이나 쓴 글을 가져와서 그대로 사용하거나 참고하는 걸 말해요. 예를 들어, "아인슈타인이 '상상력은 지식보다 중요하다'고 말했대요."라고 하면, 아인슈타인의 말을 인용한 거예요. 즉 다른 사람이 한 말이나 글을 내 글이나 말에 담는 거예요!
예) 친구가 책에서 읽은 말을 인용해 설명했어요.

경솔하다 어떤 일을 할 때 깊이 생각하지 않고 쉽게 결정하거나 행동하는 걸 말해요. 예를 들어, 숙제를 얼마나 했는지 확인하지도 않고 다했다고 말한다면, 그건 경솔한 행동이에요. 또 친구의 말을 끝까지 듣지 않고 먼저 화부터 내는 것도 경솔한 행동이에요. 이렇게 어떤 일을 할 때 조심하지 않고 서두르거나 깊이 생각하지 않을 때 쓴답니다.
예) 언니가 내 물건을 허락 없이 가져간 건 경솔한 행동이에요.

허세 '허(虛)'는 텅 비어 있다는 뜻이고, '세(勢)'는 힘이나 기세를 뜻해요. 그러니까 '허세'는 실제로는 힘이 별로 없으면서도 힘이 있는 척 꾸미는 걸 말해요. 예를 들어, 친구가 "나는 축구할 때 메시처럼 골을 넣어!"라고 말했는데, 막상 공을 제대로 못 찬다면, 그건 허세예요. 허세를 부리기보다는 솔직한 모습이 더 멋지답니다!
예) 괜히 멋있는 척하려고 허세 부리지 마!

거창하다 일의 규모나 형태가 크고 대단하다는 뜻이에요. 예를 들어, 새로 짓는 도서관 건물이 아주 크고 층이 많다면, "도서관 공사가 정말 거창하네!"라고 말할 수 있어요. 또 발표회에서 무대와 장식이 화려하게 꾸며졌다면, "발표회 준비가 거창하구나!"라고 할 수 있어요. '거창하다'라는 표현은 이렇게 정말 크고 대단한 걸 표현할 때 쓰는 말이에요!

예) 생일 파티 준비가 너무 거창해서 깜짝 놀랐어.

이 속담은 이럴 때!

'**빈 수레가 요란하다**'라는 속담은 사람에게만 쓰는 것이 아니라 거창하게 보이지만 실속이 없다거나, 소문은 많은데 알고 보면 별것 없는 일들을 비유해서 말할 때도 쓰여요. 주로 긍정적인 일보다는 부정적인 일에 많이 쓰는 속담이라고 할 수 있어요.

> 형이 게임도 못하면서 친구들 앞에서 자기가 최고라고 떠들길래, 엄마가 빈 수레가 요란하다고 하셨어.

> 친구가 책도 한 권 제대로 안 읽었으면서 문학을 아는 척하며 떠드는데, 빈 수레가 요란하다는 말이 떠올랐어.

> 새로 생긴 놀이공원이 멋지다고 소문났는데, 가 보니 별것 없었어. 정말 빈 수레가 요란하다는 말이 딱 맞아.

몸에 좋은 약이 입에는 쓰다

도움이 되는 말일수록 듣기 싫고 귀에 거슬리는 경우가 있다.

* 쓰다 한약이나 쓴 나물을 먹었을 때처럼 입안이 떫고 약간 아린 맛이 나다.

옛날 중국에 유방이라는 사람이 있었어요. 그는 한나라를 세우고 첫 번째 황제가 되었어요. 유방이 진나라를 정복하고 왕궁에 들어갔을 때, 진나라 왕은 나라와 백성을 돌보지 않고 술을 마시며 놀기만 했대요. 왕궁에는 금은보화가 가득했어요. 긴 전쟁으로 지쳐 있던 유방도 술을 좋아했기 때문에 편한 왕궁에서 쉬고 싶어 했어요.

"진나라 왕궁을 차지했으니 일단 먹고 마시면서 좀 쉬도록 하자!"

그러자 유방의 부하인 장량이 나서서 말했어요.

"전하, 진나라 왕이 백성을 돌보지 않아 나라를 빼앗긴 것 아닙니까? 지금 전하가 해야 할 일은 남은 적을 물리치고 백성들을 편안하게 해 주는 것입니다. 진나라 왕처럼 흥청망청 놀다 보면, 똑같이 망하게 될 것입니다. '좋은 약은 입에 쓰지만 몸에 좋다'고 하듯이, 제 말이 듣기 싫어도 전하에게 이로울 것입니다."

군사들은 깜짝 놀랐어요. 왕에게 이렇게 말하는 건 큰 용기가 필요했기 때문이에요. 유방이 얼마나 크게 화를 낼지, 아니면 벌을 내릴지 모두 긴장했죠. 그런데 유방은 잠시 생각하더니 크게 웃으며 말했어요.

"장량, 네 말이 맞다. 내가 진나라 왕처럼 행동하면 백성들이 무슨 희망을 가지겠는가. 전쟁터로 다시 나가자!"

유방은 장량의 말을 듣고는 전쟁터로 돌아갔고, 결국 한나라를 세우게 되었어요. 장량처럼 왕에게 바른말을 해 줄 충신이 있었기 때문에 가능한 일이었답니다.

문해력 쑥쑥 낱말 공부

금은보화 금, 은, 보물, 값진 물건을 모두 합쳐서 부르는 말이에요. 한자로 보면 '금(金)'은 귀한 금속인 금, '은(銀)'은 은빛 금속의 은, '보(寶)'는 소중한 보물, '화(貨)'는 돈이나 값진 물건을 뜻해요. 예를 들어, "왕궁에 금은보화가 가득했대요."라고 하면, 금과 은, 귀한 보물들이 많았다는 뜻이에요.
예) 내가 왕이라면 금은보화로 보물 창고를 꽉 채울 거야!

흥청망청 돈이나 물건을 아끼지 않고 막 쓰거나, 너무 신나게 놀 때 쓰는 말이에요. 예를 들어, "용돈을 받자마자 하루 만에 다 써 버렸어. 흥청망청 쓴 거지."라고 하면 돈을 계획 없이 막 썼다는 뜻이고, "친구들이랑 맛있는 걸 잔뜩 먹으면서 하루 종일 흥청망청 놀았어."라고 하면 아주 신나게 시간을 보냈다는 뜻이에요.
예) 친구랑 흥청망청 놀다가 숙제를 깜빡했어.

이롭다 어떤 일이 나에게 좋거나 도움이 될 때 쓰는 말이에요. 예를 들어, "매일 아침 운동을 하면 몸에 이로워."라고 하면, 운동이 건강에 도움이 된다는 뜻이고, "책을 많이 읽는 건 공부에 이로워."라고 하면, 책 읽기가 지식을 쌓거나 생각을 깊게 하는 데 좋다는 뜻이에요.
예) 친구랑 놀기 전에 숙제를 먼저 끝내는 게 훨씬 이롭지!

충신 나라나 임금을 위해 끝까지 충성을 다하는 신하를 말해요. 한자로 보면 '충(忠)'은 정성과 충성을, '신(臣)'은 임금을 섬기는 신하를 뜻해요. "충신은 나라를 위해 자신의 이익보다 백성을 먼저 생각해."라고 하면, 충신이란 헌신적으로 임금과 나라를 돕는 사람이라는 뜻이에요.

예) 충신은 나라가 위험할 때 항상 앞장서 싸워요.

이 속담은 이럴 때!

'**좋은 약이 입에는 쓰다**'라는 속담은 사람의 말이나 행동뿐만 아니라 처음엔 하기 싫거나 불편했던 것들이 나중에 도움이 되는 경우를 비유해서 말할 때 쓰여요. 주로 힘들거나 불편한 상황이지만 결과적으로는 좋은 영향을 주는 일을 설명할 때 자주 사용되는 속담이에요.

> 친구가 내가 잘못한 점을 지적했을 때 기분이 나빴지만, 나중에 생각하니 큰 도움이 됐어. 좋은 약이 입에는 쓰다는 말이 맞더라.

> 엄마가 자꾸 채소를 먹으라고 할 때는 싫었지만, 피부가 좋아진 걸 보니 좋은 약이 입에는 쓰다는 걸 알게 됐어.

> 좋은 약이 입에는 쓰듯 내가 지금 한 말이 먼 훗날 너에게 큰 도움이 될 거야.

바늘 가는 데 실 간다

바늘과 실이 함께하듯이, 서로 늘 붙어 다닐 만큼 긴밀한 사이다.
혼자서는 할 수 없는 일을 함께하며 늘 붙어 다닌다.

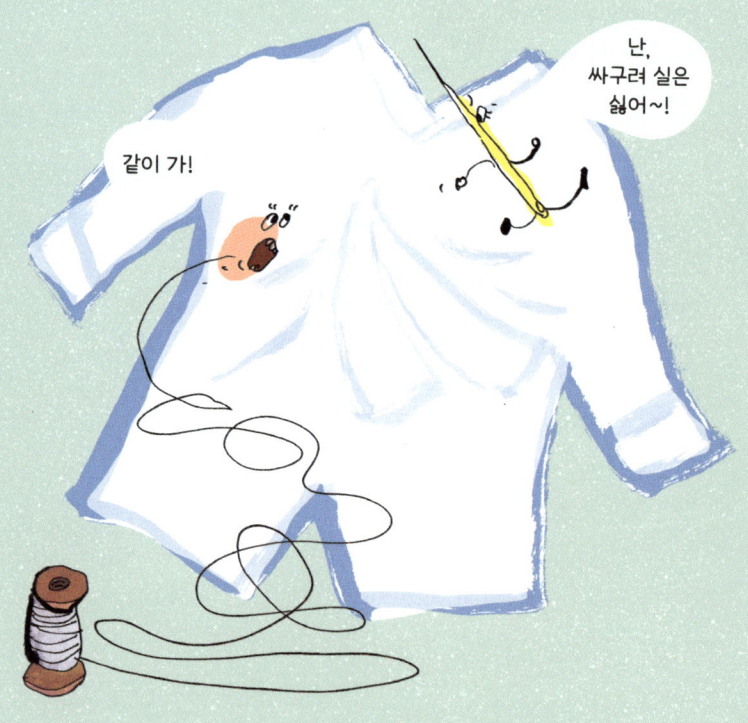

* **바늘** 옷이나 천을 꿰맬 때 쓰는 도구.
  길고 얇으며 한쪽 끝은 뾰족하고, 다른 쪽 끝에는 실을 끼우는 구멍이 있다.
* **데** '곳'이나 '장소'를 나타내는 말.

반짝반짝 빛나는 황금 바늘이 있었어요. 이 바늘은 날카롭고 빠르며, 어떤 천이든 쉽게 **꿰맬** 수 있었어요. 세상에서 가장 멋진 바늘이라며 사람들은 칭찬을 아끼지 않았고, 황금 바늘을 갖고 싶어 했지요.

그러다 보니 황금 바늘은 점점 **우쭐해졌어요.** 어느 날, 사람들이 바느질을 하려고 실을 가져오자 "이런 싸구려 실을 나한테 꿰라고? 황금 실을 가져와!"라며 화를 냈어요. 하지만 모든 옷에 비싼 황금 실을 쓸 수는 없었기 때문에, 점점 황금 바늘을 찾는 사람이 줄어들었어요.

"흥! 실이 없어도 난 바느질을 할 수 있어! 나는 세상에서 가장 솜씨 좋은 황금 바늘이니까!"

황금 바늘은 혼자서도 멋진 **비단옷**을 만들 수 있다고 믿었어요. 그래서 곱디고운 비단을 펼쳐 놓고 힘차게 바느질을 시작했어요. 열심히 바느질을 끝낸 황금 바늘은 기대에 차서 천을 펼쳐 보았어요. 그런데, 이게 웬일일까요? 옷은**커녕** 천 조각들만 바닥으로 우수수 떨어졌어요. 실 없이 바느질을 했기 때문에 바늘구멍만 뚫렸을 뿐, 옷이 만들어지지 않았던 거예요.

그제야 황금 바늘은 깨달았어요.

"나는 실 없이 혼자서는 아무것도 할 수 없구나."

바늘은 그동안 자신이 쓸데없는 자존심만 내세웠다는 것을 깨닫고 후회했어요. 그 뒤로는 어딜 가든 늘 실과 함께 다녔답니다.

문해력 쑥쑥 낱말 공부

꿰매다 '꿰다'와 '매다'가 합쳐진 말로, 찢어지거나 떨어진 부분을 바늘과 실로 이어 붙이는 것을 말해요. '꿰다'는 실이나 끈을 지나가게 한다는 뜻이고, '매다'는 단단히 묶거나 잇는다는 뜻이에요. 그래서 '꿰매다'는 실을 바늘구멍에 꿰어 천이나 살갗을 이어 붙이는 걸 뜻해요. 옷이나 천뿐만 아니라 다친 곳을 치료할 때도 이 말이 쓰여요.
예) 상처가 벌어지지 않도록 바늘과 실로 꿰맸어.

우쭐하다 자신이 대단하다고 생각하며 뽐내는 걸 말해요. "선생님 칭찬에 우쭐했어."라는 말은 칭찬을 듣고 기분이 좋아져 자신감이 넘쳤다는 뜻이에요. 적당한 자신감은 좋지만, 너무 우쭐하면 다른 사람의 기분이 나빠질 수도 있으니 지나치지 않도록 조심하세요.
예) 친구보다 문제를 빨리 풀었더니 기분이 우쭐해져서 으스댔어.

비단옷 비단으로 지은 옷을 말해요. 비단은 누에고치에서 뽑은 가늘고 고운 실로 짠 천으로, 촉감이 부드럽고 빛나는 것이 특징이에요. 비단옷은 비단처럼 귀한 천으로 지은 옷을 뜻하기도 해요. 옛날에는 비단이 매우 귀해서 왕이나 신분이 높은 사람들이 주로 입었어요.
예) 나도 공주처럼 예쁜 비단옷을 입어 보고 싶어!

커녕   어떤 것을 기대했지만, 그것보다 훨씬 못한 상황일 때 쓰는 말이에요. 예를 들어, "아침을 먹기는커녕 물 한 모금도 못 마셨어."라고 하면, 아침을 먹지 못한 것은 물론이고, 물조차도 마시지 못했다는 뜻이에요. 보통 기대한 것과 반대되거나 더 안 좋은 상황에서 많이 써요.

예) 방을 청소하기는커녕 더 어지럽혀 버렸어.

이 속담은 이럴 때!

'**바늘 가는 데 실 간다**'라는 속담은 바늘이 가는 곳에 실이 따라가는 것처럼, 둘이 늘 함께 다니거나 하나가 생기면 자연스럽게 다른 것도 따라오는 상황을 뜻해요. 긴밀한 친구 사이, 가족 관계뿐만 아니라 어떤 일이 생기면 그와 관련된 일이 꼭 따라올 때도 쓸 수 있어요.

> 우리 할머니와 엄마는 항상 함께 다니셔. 정말 **바늘 가는 데 실 간다**는 말처럼 떼려야 뗄 수 없는 사이야.

> 지수와 민호는 둘도 없는 단짝 친구예요. 어디를 가든 함께 다녀서 친구들이 **바늘 가는 데 실 간다**라고 말할 정도예요.

> 형과 나는 성격이 달라도 **바늘 가는 데 실 가듯** 늘 함께 있어요.

작은 고추가 맵다

몸집이 작아도 힘이 세거나 재주가 뛰어나 당차게 해낸다.
겉보기에는 작아도 강한 힘과 능력을 가질 수 있다.

* **맵다** 혀나 입을 자극할 만큼 뜨겁고 자극적인 맛이 나다.

 옛날 중국 제나라에 안영이라는 **재상**이 있었어요. 그는 지혜롭기로 유명해 많은 사람들에게 존경받았지만, 키가 작았다고 해요.

어느 날, 이웃 초나라 왕이 제나라의 사신을 초대했어요. 지금의 외교관처럼, 옛날에는 사신을 보내 나라 간 친분을 쌓거나 서로를 경계하기도 했어요. 제나라 왕은 평소 아끼고 신뢰하는 신하 안영을 사신으로 보냈어요.

초나라 왕은 제나라의 사신이 얼마나 대단할지 궁금했어요. 그래서 온갖 맛있는 음식과 화려한 **연회**를 준비해 안영을 맞이했지요. 그런데 키가 작고 **보잘것없는** 외모의 안영을 보자 얕잡아 보며 장난스럽게 물었어요.

"자네 나라에는 사람이 없어서 이렇게 작은 사람을 보낸 것이오?"

안영은 **태연하게** 웃으며 대답했어요.

"저희 왕께서는 큰 나라에는 키가 큰 사람을 보내고, 작은 나라에는 저처럼 작은 사람을 보내십니다."

안영의 재치 있는 대답에 초나라 왕은 오히려 당황했어요. 키가 작다고 무시했다가, 오히려 말로 당한 거예요.

이처럼 사람은 겉모습만 보고 판단해서는 안 돼요. 작은 고추가 더 맵듯이, 몸은 작아도 지혜롭고 능력 있는 사람이 많답니다. 혹시 키가 작은 친구를 놀리는 어리석은 행동을 하진 않겠죠? 겉모습보다 그 사람의 생각과 행동이 더 중요하다는 걸 꼭 기억하세요!

재상 임금을 도와 나라의 중요한 일을 맡아보던 높은 벼슬이에요. 왕이 나라를 다스릴 때 신하들의 의견을 듣고 조정하는 역할을 했으며, 여러 신하들을 지휘하고 감독하는 일도 했어요. 재상은 나라의 큰 결정을 내리는 데 중요한 역할을 하기 때문에 지혜롭고 경험이 많은 사람이 맡았어요.
예) 조선 시대에는 임금을 도와 나라를 다스리는 재상이 있었어요.

연회 축하하거나 위로할 일이 있을 때, 또는 누군가를 환영하거나 헤어질 때 여러 사람이 모여 함께 즐기는 잔치예요. 맛있는 음식을 나누어 먹고 이야기도 하면서 즐기는 자리예요. 결혼식 후에 열리는 잔치나, 새로운 사람을 맞이하는 파티도 연회라고 할 수 있어요.
예) 왕은 궁에서 신하들과 함께 연회를 열어 승리를 축하했어요.

보잘것없다 눈에 띄게 작고 부족하다는 뜻이에요. 크기가 작거나 기대만큼 좋지 않을 때 써요. 물건뿐만 아니라 실력이나 노력의 결과에도 사용할 수 있어요. 예를 들어, "보잘것없는 작은 씨앗이 시간이 지나면서 큰 나무로 자랐어요."라고 하면, 처음에는 부족해 보였던 것이 시간이 지나고 노력하면서 성장했다는 의미예요.
예) 너의 보잘것없는 실력으로는 좋은 결과를 내기 어려워!

태연하다 당황하거나 무서운 상황에서도 아무렇지 않은 듯 차분하게 행동하는 것을 말해요. 놀라거나 긴장해야 할 순간에도 평소처럼 침착한 모습을 보일 때 사용해요. 예를 들어, "큰 시험을 앞두고도 그는 태연하게 웃었어."라고 하면, 시험을 앞둔 긴장되는 상황에서도 걱정하지 않고 평소처럼 행동하는 모습을 떠올릴 수 있어요.

예) 갑자기 비가 쏟아졌지만, 그는 당황하지 않고 태연했다.

이 속담은 이럴 때!

'**작은 고추가 맵다**'라는 속담은 작거나 약해 보이는 사람이 실제로는 강한 힘을 가질 때 사용하는 말이에요. 키가 작거나 조용한 사람이 뛰어난 실력을 보여 주거나, 작은 것이 의외로 큰 영향을 미칠 때 이 속담을 사용해요. 겉보기와 다르게 놀라운 능력을 발휘하는 상황에서 자주 쓰는 말이에요.

- 체구는 작지만 힘이 세네! 역시 작은 고추가 맵다니까.

- 작은 고추가 맵다더니, 기대하지 않았던 저 작은 선수가 결승에서 우승했어.

- 선우를 보고 작은 고추가 맵다는 걸 알았어. 키는 작아도, 축구 실력은 정말 최고더라!

되로 주고 말로 받는다

남을 가볍게 건드렸다가 오히려 큰 손해를 본다.
적게 주고도 그보다 훨씬 더 많은 대가를 얻는다.

* 되 곡식, 가루, 액체 따위의 부피를 재는 나무 그릇이자 단위. 한 되는 약 1.8리터.
* 말 한 말은 한 되의 열 배로 약 18리터.

옛날에는 시장에서 쌀이나 곡식을 팔 때 '되'와 '말'이라는 나무 그릇을 사용해 양을 쟀어요. 열 되가 한 말이니까 한 말은 한 되의 열 배예요. 그러니까 만약 내가 상대방에게 쌀 한 되를 빌려줬는데, 상대방이 한 말로 갚아 준다면 얼마나 기분이 좋겠어요? 열 배나 더 받게 되니 정말 **횡재한** 기분이 들겠죠?

이렇게 내가 작은 것을 주었는데, 상대가 더 크고 많은 것을 돌려주었을 때 쓰는 속담이 바로 '되로 주고 말로 받는다'예요. 내가 노력한 것보다 더 큰 **성과**를 얻었을 때도 사용할 수 있어요. 하지만 **부정적인** 상황에서도 자주 쓰여요. 친구에게 백 원을 빌렸는데, 친구가 천 원을 갚으라고 하면 정말 기분이 나쁘겠죠?

이처럼 '되로 주고 말로 받는다'는 속담은 좋은 의미와 나쁜 의미를 모두 가지고 있어요. 좋은 일에 쓸 때는 이보다 좋은 의미가 없는 속담이 되기도 하지만, 부정적인 일에 쓰면 기분 나쁜 속담이 돼요. 그러니까 이 속담을 사용하려면 상황에 맞게 잘 사용해야 해요.

상대에게 좋은 뜻으로 한 말이나 행동이 나에게 더 많은 기쁨으로 돌아오는 경우는 되로 주고 말로 받는 행복이 될 수 있고, 상대를 향한 나쁜 말이나 행동이 나에게 더 큰 **화**로 돌아오는 경우는 되로 주고 말로 받는 불행이 되겠지요. 우리는 이 속담을 좋은 뜻으로만 쓰도록, 항상 따뜻한 마음으로 사람들을 대하면 좋겠어요.

문해력 쑥쑥 낱말 공부

횡재 뜻밖에 좋은 일이 생기거나 예상하지 못한 재물을 얻는 것을 말해요. 노력하지 않았는데도 행운이 찾아올 때 사용해요. 예를 들어, "옛날에 읽던 책에 넣어 둔 돈을 얼마 전에 찾았어. 완전 횡재야!"라고 하면, 예상하지 못한 돈이 생겨 기뻐하는 모습을 떠올릴 수 있어요.
예) 횡재가 따로 없네! 마트 갔는데 내가 좋아하는 과자가 1+1이야.

성과 열심히 노력한 뒤에 얻은 좋은 결과를 말해요. 무언가를 열심히 하면 그만큼 좋은 일이 생기는데, 그럴 때 사용해요. "연습을 많이 해서 대회에서 좋은 성과를 냈어."라고 하면, 노력한 결과로 좋은 일이 생긴 것을 알 수 있어요. 성과는 목표를 이루는 것뿐만 아니라, 그 과정에서 쌓은 경험이나 기술도 포함될 수 있어요.
예) 날마다 그림을 그렸더니 실력이 늘었네. 이 정도면 큰 성과야!

부정적 어떤 일이나 상황을 그렇지 않다고 여기거나 바람직하지 않다고 생각하는 것을 말해요. 기대했던 것보다 안 좋은 결과가 나올 때도 사용해요. "공부를 안 했더니 부정적인 결과가 나왔어."라고 하면, 원하는 결과가 나오지 않아 실망한 모습을 떠올릴 수 있어요. 반대로, 기대보다 좋은 결과가 나오면 긍정적이라고 해요.
예) 부정적인 말을 하니 기분까지 별로야. 긍정적으로 생각하자.

화 나쁜 일이나 불행한 사건을 뜻하는 말이에요. 뜻하지 않게 큰 문제나 어려운 일이 생길 때 사용해요. 여기서 '화(禍)'는 재앙이나 불행을 뜻하며, 주로 '화를 당하다', '화를 입다', '화를 면하다'와 같이 사용돼요. 우리가 "나 화났어!"라고 말할 때 자주 쓰는 '화(火)'와는 다른 한자예요.

예) 급하게 행동하면 화를 부를 수 있어.

이 속담은 이럴 때!

'**되로 주고 말로 받는다**'라는 속담은 작은 노력이나 행동이 예상보다 훨씬 큰 결과로 돌아올 때 쓰는 말이에요. 긍정적인 경우에는 적은 수고로 큰 보상을 받을 때 쓰고, 부정적인 경우에는 작은 잘못이나 실수가 예상보다 큰 문제로 돌아올 때 사용해요.

> 처음에는 장난으로 한 말이었는데, 일이 커져서 혼나고 말았어. 되로 주고 말로 받았네.

> 엄마를 도와드렸더니 용돈을 두 배로 주셨어! 되로 주고 말로 받았어.

> 되로 주고 말로 받는다는 말처럼, 가벼운 실수가 큰 문제가 되어 버렸어.

벼는 익을수록 고개를 숙인다

배움이 많고 인품이 훌륭한 사람일수록 겸손하며,
남 앞에서 잘난 체하지 않는다.

우리 친구들, 쌀이 무엇인지는 잘 알지요? 쌀은 '벼'라는 식물의 낟알이에요. 벼는 **알곡**이 익기 전까지는 하늘로 쭉 뻗어 자라다가, 알곡이 **여물면서** 그 무게로 인해 점점 고개를 숙이게 돼요. 꼭 사람이 인사하는 모습 같지 않나요?

이 속담은 지식이 많고 생각이 깊은 사람은 알곡이 잘 여문 벼처럼 신중하고 겸손하다는 뜻이에요. 주로 잘난 척하며 경솔하게 행동하는 사람을 꾸짖을 때 쓰지요.

이솝 우화에도 비슷한 이야기가 나와요. 수탉 두 마리가 암탉을 차지하려고 싸웠어요. 그중 한 마리가 승리하자, 지붕 위로 올라가 크게 외쳤어요.

"꼬끼오~ 내가 이겼다! 나는 최고야!"

하지만 그때 마침 굶주린 독수리가 그 소리를 듣고 수탉을 낚아채 가 버렸어요. 결국 잘난 체하다가 독수리 밥이 되고 만 것이지요.

그리스 신화에 나오는 이카로스도 마찬가지예요. 그는 갇혀 있던 곳을 탈출하기 위해 새의 깃털과 **밀랍**으로 날개를 만들어 하늘로 날아올랐어요. 나는 게 신기했던 그는 아버지가 태양 가까이 가지 말라고 한 경고를 무시한 채 너무 높이 날았어요. 결국 태양의 열로 밀랍이 녹아 날개가 망가졌고, 그는 땅으로 떨어지고 말았어요.

이처럼 **겸손한** 마음을 가지지 않으면 오히려 화를 부를 수 있어요. 여러분들도 잘 여문 벼처럼 지식과 생각은 가득 채우고, 태도는 겸손한 바른 사람으로 자라길 바라요.

문해력 쑥쑥 낱말 공부

알곡 껍질을 벗긴 후 먹을 수 있는 곡식을 말해요. 벼, 보리, 밀 같은 곡식의 낟알에서 껍질을 제거하면 알맹이만 남는데, 이것을 알곡이라고 해요. 알곡은 밥을 지을 때나 가루로 만들어 빵이나 국수를 만들 때 사용돼요. 곡식이 잘 여물어야 알곡도 단단하고 맛이 좋답니다.
예) 가을걷이가 끝난 논에서 추수한 벼를 탈곡해 알곡만 남겼어.

여물다 과일이나 곡식이 충분히 익어서 단단하고 알찬 상태가 되는 것을 말해요. 음식뿐만 아니라, 사람의 생각이나 행동이 성숙해졌을 때도 사용할 수 있어요. 시간이 지나면서 점점 여물어 가는 것은 성장과 발전을 뜻하기도 해요.
예) 벼가 가을 햇살을 받고 노랗게 여물었어.

밀랍 밀랍은 꿀벌이 벌집을 만들 때 분비하는 기름 성분을 말해요. 한자로는 '밀(蜜)'은 꿀을, '랍(蠟)'은 기름 성분을 뜻하지요. 단단하지만 녹이면 부드러워지는 성질이 있어서 양초, 화장품, 연고, 가구 광택제 등을 만드는 데 사용돼요. 또한, 고대 미술에서는 그림을 오래 보존하기 위해 밀랍을 이용해 색을 입히기도 했어요.
예) 밀랍으로 만든 초는 오래 타고 은은한 향이 퍼져요.

겸손하다 자신을 자랑하지 않고, 남을 존중하는 것을 말해요. 잘난 척하지 않고, 다른 사람의 말을 귀 기울여 듣는 태도도 겸손한 행동이에요. 겸손한 사람은 자기보다 남을 먼저 배려하고, 스스로를 낮추며 행동해요. 비슷한 말로 '공손하다'가 있고, 반대말로는 '건방지다' '잘난 체하다' 등이 있어요.

예) 그 배우는 <u>겸손한</u> 태도로 많은 사람들에게 사랑받고 있어.

이 속담은 이럴 때!

'**벼는 익을수록 고개를 숙인다**'라는 속담은 능력이 생기거나 많이 알게 되면 자신을 뽐내기 쉽지만, 정말 훌륭한 사람은 오히려 더욱 겸손한 태도를 보인다는 것을 가르쳐 주는 속담이에요. 성공했거나 높은 위치에 올랐을 때도 겸손한 태도를 가지라는 삶의 지혜를 담고 있어요. 반대로 잘난 것도 없으면서 자신을 대단한 사람인 것처럼 내세우는 사람을 두고는 '빈 수레가 요란하다'는 속담을 사용해요.

> 그분은 정말 대단한 분인데도 항상 겸손하셔. 역시 **벼는 익을수록 고개를 숙인다**더니!

> 성공했다고 우쭐대지 마. **벼는 익을수록 고개를 숙이는** 법이야.

> 정말 실력 있는 사람일수록 겸손해. **벼는 익을수록 고개를 숙인다**는 게 맞나 봐.

말 한마디에 천 냥 빚을 갚는다 하니 신중히 말하고, 듣더라도 듣는 척 말고 건널게요.

올챙이 적 생각 못 하는 개구리 되지 않게 자라도 모르 겠어요. 그래도

매일 한 번씩 되어요.

소 잃고 외양간 고치듯 이미 벌어진 일 앞에서

두 번째 걸음

천 리 길도 한 걸음부터 라 하니, 실수를 줄이며 차근차근 나아가겠어요.

소 잃고 외양간 고친다

일이 이미 잘못된 뒤에야 뒤늦게 후회하며 해결하려 해도 소용없다.

* **외양간** 말이나 소를 기르는 곳.

옛날 어느 시골 마을에 **유난히** 게으른 남자가 살았어요. 이 남자는 해가 머리 꼭대기에 떠올라야 겨우 배가 고파 슬금슬금 일어나는 사람으로, 마을 사람들의 손가락질을 받는 유명한 게으름뱅이였어요. 이 사람 집에는 소 다섯 마리가 있었는데, 주인이 늦게 일어나 먹이를 주지 않으니 늘 굶주렸어요.

그러던 어느 날, 소들이 회의를 했어요.

"이대로 있다가는 굶어 죽겠어! 어서 이 집을 탈출하자."

소들은 모두 찬성했고, 외양간 여기저기를 뿔로 들이받기 시작했어요. 외양간은 조금씩 부서지고 망가지더니, 결국 가장 힘센 소가 문을 들이받자 **빗장**이 떨어지며 문이 열렸어요.

마침 그때 잠에서 깬 게으름뱅이가 **어슬렁어슬렁** 걸어나와 떨어진 빗장을 보았지만, 귀찮아서 고칠 생각조차 하지 않았어요.

"아이, 귀찮아. 내일 고쳐도 별일 없겠지."

그렇게 다시 잠자리에 들었고, 열린 문으로 소들은 모두 탈출해 도망가 버렸어요.

다음 날 아침, 실컷 자고 일어난 게으름뱅이는 외양간이 부서지고 소들이 모두 사라진 걸 보고서야 땅을 치며 후회했어요. 뒤늦게 외양간을 고치며 자신의 게으름을 **한탄했지만**, 소들은 돌아오지 않았어요.

어때요? 소가 다 도망간 뒤에야 후회하고 외양간을 고친들 무슨 소용이 있을까요? 참 어리석지요?

유난히 보통보다 더 특별하게 두드러지거나 눈에 띄는 것을 말해요. 다른 것들과 비교했을 때 더 강하거나 뚜렷할 때 사용해요. 날씨, 감정, 성격, 행동 등이 보통보다 더 다르게 느껴질 때도 '유난히'라고 말할 수 있어요. "오늘은 유난히 하늘이 맑아."라고 하면, 평소보다 하늘이 더욱 푸르고 깨끗한 모습을 떠올릴 수 있어요.
예) 친구가 유난히 밝게 웃어서 기분이 좋아졌어.

빗장 문이 열리지 않도록 가로질러 잠그는 막대나 장치를 말해요. 옛날에는 문을 잠그기 위해 나무나 쇠로 된 막대를 문 바깥쪽에 걸어 두었어요. 이것을 '빗장'이라고 했어요. 지금도 한옥이나 오래된 문에서 볼 수 있어요. '빗'은 '비스듬하다'는 뜻에서 온 말로, 빗장이 문에 비스듬하게 걸쳐지는 모습과 관련이 있다고 보기도 해요.
예) 문에 빗장을 걸어 두었더니 바람이 불어도 열리지 않았어.

어슬렁어슬렁 힘을 들이지 않고 느릿느릿 걷는 모습을 나타내는 말이에요. 천천히 걷거나 특별한 목적 없이 이곳저곳을 돌아다닐 때 사용해요. "고양이가 마당을 어슬렁어슬렁 거닐었어."라고 하면, 고양이가 한가롭게 느릿느릿 걷는 모습을 떠올릴 수 있어요.
예) 형은 휘파람을 불며 어슬렁어슬렁 시장을 구경했어!

한탄하다 슬프거나 후회되는 마음에 몹시 아쉬워하는 것을 말해요. 기대했던 일이 잘되지 않았거나 후회될 때 사용해요. 예를 들어, 친구가 "아, 한탄스럽다. 조금만 더 연습했으면 1등 할 수 있었을 텐데."라고 말했다면, 정말 아쉬운 일이겠지요. 하지만 한탄만 하기보다는 다음을 위해 더 열심히 준비하는 게 중요해요.

예) 소중한 기회를 놓쳤다고 한탄하지 말고, 다음을 위해 준비하자!

이 속담은 이럴 때!

'**소 잃고 외양간 고친다**'라는 속담은 일이 잘못된 뒤에 뒤늦게 해결하려 해도 소용없다는 뜻이에요. 옛날에는 농사에 꼭 필요한 소를 지키려면 외양간을 잘 관리해야 했어요. 소를 잃고 나서야 고치는 건 아무 의미가 없었지요. 이 속담은 일이 벌어진 후에 후회하지 말고, 미리 준비하는 것이 중요하다는 뜻을 담고 있어요.

> 숙제를 미뤘다가 엄마한테 혼난 다음 부랴부랴 했어.
> 소 잃고 외양간 고친다는 말이 딱 맞네!.

> 소 잃고 외양간 고친다고, 발표 준비를 대충 했다가 실수하고 제대로 하려니 아쉽다.

> 소 잃고 외양간 고치는 일이 없도록 해야 할 일을 미리미리 꼭 챙겨야겠어!

등잔 밑이 어둡다

바로 눈앞에 있는 것을 제대로 보지 못하거나,
가까운 곳에서 벌어지는 일을 잘 모른다.

* **등잔** 기름을 담아 등불을 켜는 데에 사용하는 그릇.

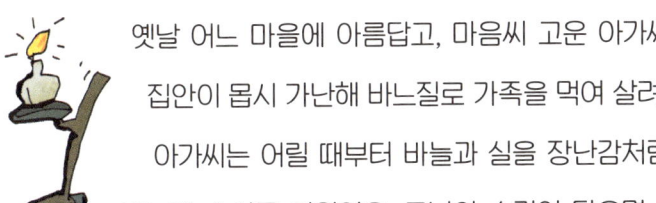

옛날 어느 마을에 아름답고, 마음씨 고운 아가씨가 살았어요. 집안이 몹시 가난해 바느질로 가족을 먹여 살려야 했어요.

아가씨는 어릴 때부터 바늘과 실을 장난감처럼 가지고 놀며 바느질 솜씨를 키웠어요. 그녀의 손길이 닿으면 무엇이든 뚝딱 만들어졌고, 부잣집 마님들의 비단옷이나 아기들의 배냇저고리도 정성스럽게 지었어요. 하지만 살림이 넉넉하지 않아 새 바늘을 살 수가 없어, 닳아 뭉툭해진 바늘을 숫돌에 갈아 쓰곤 했어요.

그런데 어느 날, 동생들이 아가씨의 바늘을 가지고 놀다가 그만 잃어버리고 말았어요. 아무리 찾아도 바늘이 나오지 않자, 밀린 일이 걱정된 아가씨는 울음을 터트렸어요.

"어떻게 해. 바늘이 없으면 옷을 못 만들고, 옷을 못 만들면 돈을 못 벌고, 돈을 못 벌면 가족들이 굶을 텐데……."

그때 방에 켜 둔 등잔불이 훅 하고 꺼졌어요. 방이 캄캄해지자 아가씨는 부싯돌을 찾아 불을 붙였어요. 그런데 그렇게 찾아 헤매던 바늘이 바로 코앞에 놓여 있었어요. 등잔불 아래로 굴러 들어가는 바람에 그림자에 가려 보이지 않았던 거예요. 가족들은 기뻐하며 덩실덩실 춤을 추었어요.

이처럼 가까운 곳에서 일어난 일을 알지 못하거나, 바로 앞에 있는 물건을 찾지 못할 때 쓰는 속담이 '등잔 밑이 어둡다'예요. 우리가 무언가를 찾거나 문제를 해결하려 할 때, 멀리서만 답을 찾지 말고 가까운 곳부터 살피는 것도 중요하다는 걸 잊지 마세요.

문해력 쑥쑥 낱말 공부

배냇저고리 갓 태어난 아기가 입는 작은 저고리를 말해요. '배냇'은 '날 때부터' 또는 '배 안에 있을 때부터 가지고 있음'이라는 뜻이에요. 그래서 아기가 태어나 입는 옷을 '배냇저고리'라고 불러요. 부드러운 천으로 만들어 아기의 여린 피부를 보호해 주고, 끈으로 여미서 입히기 편해요.
예) 할머니가 곧 태어날 동생의 배냇저고리를 곱게 지어 주셨어요.

뭉툭하다 끝이 뾰족하지 않고 짧고 무딘 상태를 말해요. 날카롭거나 가늘었던 것이 닳아서 무뎌질 때도 사용해요. 예를 들어, 연필을 오래 쓰면 끝이 짧고 둥글어지고, 칼날도 많이 사용하면 점점 무뎌지지요. 이런 상태를 뭉툭하다라고 해요. 뭉툭한 물건은 날카로운 것보다 안전하지만, 정밀한 작업을 할 때는 불편할 수 있어요.
예) 가위가 오래되어서 날이 뭉툭해졌어.

숫돌 무딘 칼이나 연장을 날카롭게 만드는 돌이에요. 집에서 칼을 갈 때 사용하는 숫돌뿐만 아니라, 금속을 자르거나 다듬는 데 쓰는 숫돌도 있어요. 아주 오래전 석기 시대부터 사람들은 숫돌을 이용해 돌도끼나 돌칼을 날카롭게 만들었어요.
예) 무뎌진 부엌칼을 숫돌에 갈아서 날카롭게 만들었어!

부싯돌 불을 피울 때 사용하는 단단한 돌이에요. 쇠붙이(부시)와 부딪히면 불꽃이 튀기 때문에 성냥이나 라이터 대신 사용했어요. 연구에 따르면 석기 시대부터 사람들이 불을 얻는 데 활용했대요. 부싯돌은 '부시+ㅅ+돌'의 짜임에서 나왔다는 설이 있어요. 여기서 '부시'는 '불'을 뜻해요. 즉 불을 일으키는 돌이라는 의미에서 생긴 말이지요.

예) 원시인들은 부싯돌을 쳐서 불을 붙였어요.

이 속담은 이럴 때!

'**등잔 밑이 어둡다**'라는 속담은 가까운 곳에서 일어나는 일을 오히려 잘 알지 못할 때 쓰는 말이에요. 등잔은 주변을 밝히지만, 등잔 바로 밑은 빛이 닿지 않아 어두웠어요. 이처럼 사람도 멀리 있는 것에는 신경을 쓰면서도 가까운 일은 잘 모를 때가 많아요. 그래서 눈앞의 중요한 것을 깨닫지 못하는 상황을 뜻하는 말이 되었어요.

> 책을 바로 앞에 두고도 찾지 못하다니, 등잔 밑이 어둡다는 말이 딱 맞아!

> 친구의 생일을 챙기면서 정작 가족 생일은 잊었어. 등잔 밑이 어둡다고 하더니!

> 우리 동네에 유명한 맛집이 있는 줄도 몰랐어. 정말 등잔 밑이 어둡네.

낫 놓고
기역 자도 모른다

낫을 눈앞에 두고도 비슷하게 생긴 기역 자도 모를 만큼 무식하다.

* 낫 곡식, 나무, 풀 따위를 베는 데 쓰는 농기구.

혹시 낫을 본 적 있나요? 풀을 벨 때 사용하는 도구예요. 옛날에는 낫의 쓰임새가 많아서 집집마다 흔히 볼 수 있는 농기구였어요. 아이들도 낫을 사용해 풀을 베어 소에게 먹이며 **목동** 역할을 하기도 했지요. 하지만 요즘은 사용할 일이 줄어서 낫을 본 적 없는 친구들도 많을 거예요. 아마 조상님 **산소**에 **벌초**할 때 어른들이 사용하는 걸 본 친구도 있을 텐데, 그렇지 않다면 낫이 **생소할** 수도 있겠네요.

어느 날, 도시에서 자란 한 아이가 시골에 계신 할아버지를 찾아갔어요. 시골 풍경이 신기했던 아이는 여기저기를 둘러보며 구경했지요. 그때 할아버지가 아이에게 심부름을 시키며 말했어요.

"얘야, 창고에 가서 낫 옆에 있는 소 먹일 풀 좀 가져오너라."

"할아버지, 낫이 뭐예요?"

낫을 모르는 아이에게 할아버지는 설명했어요.

"날이 구부러져서 기역 자처럼 생긴 거 있잖아."

고개를 끄덕이던 아이는 다시 물었어요.

"그런데 기역 자는 어떻게 생긴 건데요?"

아이에게 낫도, 기역 자도 모두 낯선 것이었어요. 낫과 기역 자는 생김새가 비슷하지요. 그래서 <mark>낫을 앞에 두고도 기역 자를 모른다면 무식하다고 여겼던 거예요.</mark> 우리 친구들은 열심히 공부해서 '낫 놓고 기역 자도 모르는' 사람이 아니라, 배운 것을 잘 기억하고 활용할 줄 아는 똑똑한 어린이가 되길 바라요.

목동 소나 양 같은 가축을 돌보며 키우는 어린이를 말해요. '목동'의 '동(童)'은 어린이를 뜻하는 한자로, '아동' 할 때 그 '동'이에요. 옛날 시골에서는 어린아이들이 소나 양을 풀밭에 데려가 먹이를 주고 돌보는 일을 맡았어요. 목동들은 들판에서 가축이 길을 잃지 않도록 살피고, 때로는 피리를 불며 시간을 보내기도 했어요.
예) 푸른 초원에서 목동이 양 떼를 돌보고 있었어.

산소 산소는 산에 있는 무덤을 높여 부르는 말이에요. 비슷한 말로 '묘'도 있어요. 조상들은 조용하고 경치 좋은 산에 무덤을 만들었어요. 명절이나 특별한 날이 되면 가족들이 산소를 찾아가 인사를 드리고 깨끗이 돌봐요. 이런 걸 '성묘'라고 해요. 참, 공기 중에 있는 '산소'와 글자 모양은 같지만, 한자와 뜻이 다른 거예요.
예) 명절마다 가족들과 함께 할아버지 산소를 찾아가요.

벌초 산소 주변에 자란 풀을 베고 정리하는 일을 말해요. 주로 조상의 산소를 깨끗하게 하기 위해서 해요. 성묘와 비슷하지만, 가장 중요한 일은 묘 주변을 정리하는 것이에요. 무성하게 자란 잡초를 베어 내고 묘를 단정하게 가꾸는 데 힘써요.
예) 아버지와 산소에 가서 잡초를 베며 벌초를 했어요.

생소하다 어떤 것을 처음 경험했을 때 익숙하지 않고 낯설거나 하는 걸 말해요. 한 번도 본 적이 없거나 잘 알지 못해서 어색하고 어리둥절할 때 사용할 수도 있어요. 익숙하지 않다 보니 긴장하거나 조심스럽게 행동하게 되기도 하지요. 그래서 새로운 장소나 처음 해 보는 일, 처음 듣는 이야기 등이 더 생소하게 느껴질 수 있어요.

예) 처음 간 해외여행은 모든 것이 생소했어요!

이 속담은 이럴 때!

'**낫 놓고 기역 자도 모른다**'라는 속담은 아주 쉬운 것도 알지 못할 때 쓰는 말이에요. 이 말은 한글 자음 '기역'의 모양이 '낫'과 비슷한데, 낫을 보고도 기역 자를 모를 만큼 무식하다는 뜻이에요. 눈앞에 있는 것도 못 알아차리는 상황이나 가장 기본적인 지식이나 사실조차 모를 때 자주 사용해요.

> 답이 문제에 그대로 나와 있는데도 못 풀다니, **낫 놓고 기역 자도 모른다**는 말이 딱이네.

> 힌트를 그렇게 줬는데 하나도 못 맞히다니, 너 정말 **낫 놓고 기역 자도 모르는구나!**

> 내 동생은 **낫 놓고 기역자도 모르는** 수준이야. 이래서 초등학교 입학하면 공부를 따라갈 수 있을지 걱정이야.

말 한마디에
천 냥 빚을 갚는다

말만 잘해도 어려운 일이나 큰 문제를 해결할 수 있다.

* **냥** 옛날에 엽전을 셀 때 쓰던 단위.
* **빚** 남에게 갚아야 할 돈, 갚아야 할 은혜 따위를 비유적으로 이르는 말.

 말 한마디로 정말 천 냥이라는 빚을 갚을 수 있었을까요? 천 냥이란 얼마나 큰 액수일까요? 지금의 천 원 정도 아니냐고요? 설마요. 옛날에는 일반 사람들이 시장에서 물건을 거래할 때 한 냥, 두 냥 단위로 사용했어요. 그러니 천 냥은 엄청나게 큰 돈을 상징하는 단어였지요.

그런데 '말 한마디로 천 냥 빚을 갚는다'는 말이 정말 돈을 대신 갚아 준다는 뜻일까요? 아니에요. 바르고 고운 말을 쓰면 불가능해 보이는 일도 가능해진다는 뜻이에요.

예를 들어 어떤 사람이 빚을 져서 심한 **독촉**을 받고 있어요. "아, 줄게요. 그까짓 것 주면 되잖아요!"라고 말하는 사람과 "죄송합니다. 빨리 갚아야 하는데 **사정**이 좋지 않네요. 최선을 다해 빨리 갚겠습니다."라고 말하는 사람이 있다면 결과는 어떨까요?

둘 다 돈을 갚지 못하는 상황이지만, 태도는 정반대지요. 첫 번째 사람처럼 말하면 상대방은 기분이 상해 당장 갚으라고 할 테고, 두 번째 사람처럼 말하면 상대방이 시간을 조금 더 줄지도 몰라요. 이처럼 말 한마디가 큰 역할을 한다는 걸 보여 주는 속담이에요.

우리 조상들은 예의를 중요하게 여겼고, 그래서 말의 가치를 높이 평가하며 말과 관련된 많은 속담을 남겼어요. 하지만 요즘은 어린이들도 좋지 않은 **비속어**나 **은어**를 많이 쓰지요.

불가능한 일도 가능하게 만드는 말, 이 말을 함부로 사용해서는 안 되겠지요? 바르고 고운 말을 쓰는 어린이가 되길 바라요.

독촉 약속한 시간이 가까워지거나 어떤 일을 반드시 빨리 끝내야 할 경우, 서두르게 하거나 거듭 재촉하는 것을 말해요. 예를 들어, 숙제를 미뤄 두었는데 엄마가 "숙제 아직 안 했니?"라고 계속 물어본다면, 숙제하라고 독촉하는 거예요.

예) 엄마가 방을 치우라고 독촉을 하셔서 얼른 정리했어.

사정 어떤 일이 생긴 이유나 형편을 말해요. 예를 들어, "날씨 사정 때문에 소풍을 미루었어!"처럼 어떤 상황의 이유를 설명할 때 사용해요. 또 어떤 일의 형편이나 까닭을 남에게 말하며 도움을 부탁하는 경우에도 쓰여요. "아무리 사정을 해도 이번엔 어림없어!"처럼, 어려운 상황을 설명하며 요청하거나 부탁할 때도 사용할 수 있어요.

예) 나는 개인적인 사정 때문에 여행을 취소했어.

비속어 예의 없는 거친 말을 뜻해요. 친구들끼리 장난으로 쓰거나 감정을 강하게 표현할 때 사용하지만, 듣는 사람이 기분 나쁠 수도 있어요. 말은 사람의 인상을 결정하는 중요한 요소이므로, 비속어를 습관적으로 사용하면 부정적인 인상을 줄 수 있어요. 대신 바르고 고운 말을 쓰면 상대방에게 좋은 인상을 줄 수 있지요.

예) 비속어를 쓰지 말고 바른 말을 쓰는 습관을 들이자!

은어   은어라는 물고기를 말하는 건 당연히 아니겠죠? '은(隱)'은 숨긴다는 뜻이에요. 그래서 '은어'는 특정한 집단에서만 쓰는 특별한 말을 뜻해요. 친구들끼리만 아는 말이나 같은 직업이나 같은 취미를 가진 사람들끼리 쓰는 단어가 이에 속해요. 같은 관심을 가진 사람들끼리는 편리하지만, 다른 사람들은 이해하기 어려울 수도 있어요.

예) 친구들끼리만 아는 은어를 써서 부모님은 이해하지 못했어!

이 속담은 이럴 때!

'**말 한마디에 천 냥 빚을 갚는다**'라는 속담은 말을 어떻게 하느냐에 따라 어려운 일이나 큰 문제도 해결할 수 있다는 뜻이에요. 이 속담은 말의 힘이 얼마나 큰지, 서로 잘 소통하면 관계가 좋아진다는 것을 알려 주고 있어요. 따뜻한 말 한마디는 기분을 좋게 하고, 진심 어린 말은 상대방을 감동시켜 서로 오해를 풀고, 다툼을 멈추게 해서 좋은 결과를 가져올 수 있어요.

솔직하게 얘기하고 사과하면 이해할 거야. 말 한마디에 천 냥 빚을 갚는다고 하잖아.

말 한마디에 천 냥 빚을 갚는다는 속담처럼 말의 힘은 정말 커!

"괜찮아, 내가 이해해!"라고 말하자, 서로의 오해가 풀렸어. 말 한마디에 천 냥 빚을 갚는다고 하더니, 정말 효과가 있었어!

돌다리도 두들겨 보고 건너라

아무리 익숙하고 잘 아는 일이라도 실수하지 않도록 조심해야 한다.

돌로 만든 다리를 왜 두들겨 보고 건너라는 걸까요? 나무도 흙도 아닌 단단한 돌다리가 무너질까 봐 이런 속담이 생긴 걸까요? 튼튼한 돌다리는 태풍이나 홍수가 나도 웬만해서는 무너지지 않는다는 사실을 누구나 알 거예요. 고궁이나 유적지의 돌다리는 수백 년, 수천 년 동안 그대로 남아 있는 것들이 많아요. 정말 옛날 사람들은 그 돌다리를 건널 때마다 불안해서 톡톡 두들겨 보고 건넜을까요? 다리 앞에서 길게 줄을 서서 한 명씩 돌다리를 두들긴 후에 건넌다면 얼마나 답답하고 우스꽝스럽겠어요.

 이 속담은 튼튼한 돌다리도 두들겨 보고 건널 만큼 모든 일에 주의를 기울이라는 뜻이에요. 혹시 잘 알거나 익숙한 일이라고 대충 넘기려다 실수한 적은 없나요? 내가 아는 길이니까, 또는 내가 아는 문제니까 너무 쉽게 생각하고 가볍게 여겼다가 망치는 일이 생길 수도 있어요. 그러니 자만하지 말고 신중하게 생각해야 한다는 교훈이 담긴 속담이에요.

 이 속담과 꼭 맞는 이야기로 '토끼와 거북이'가 있어요. 느림보 거북이와 달리기 시합을 하게 된 토끼는 당연히 자기가 이길 거라고 생각했어요. 시합 중에 낮잠을 자도 충분히 거북이를 이길 수 있다고 믿었죠. 그런데 결과가 어떻게 되었나요? 꾸준히 달린 거북이가 결국 이겼어요. 토끼야말로 돌다리도 두들겨 보고 건넜어야 했어요. 토끼의 자만심과 경솔함이 거북이에게 지는 결과를 가져온 것이지요.

문해력 쑥쑥 낱말 공부

웬만하다 크게 문제될 정도는 아니고, 어느 정도 보통 수준이거나 그럭저럭 괜찮은 상태를 말해요. 너무 좋지도, 나쁘지도 않을 때 사용해요. 예를 들어, "이 정도면 웬만한 음식점보다 맛있어!"라고 하면, 음식 맛이 크게 뛰어나지는 않아도 어느 정도는 괜찮다는 뜻이에요. 참! '왠만하다'로 잘못 쓰기 쉬우니, 틀리지 않도록 조심하세요.
예) 웬만하면 그냥 넘어가려고 했는데, 도저히 참을 수가 없어.

고궁 '고(古)'는 오래되었다는 뜻이고, '궁(宮)'은 왕이 살던 집을 뜻해요. 그래서 '고궁'은 옛날 왕과 왕족이 살던 오래된 궁궐을 말해요. 역사적으로 중요한 건축물이며, 지금은 문화재로 보호받는 곳이 많아요. 경복궁, 덕수궁이 조선 시대의 고궁 중 하나이지요.
예) 서울에는 멋진 고궁이 많이 남아 있어.

유적지 '유(遺)'는 남겨졌다는 뜻이고, '적(跡)'은 지나간 흔적이란 뜻이에요. 그래서 '유적지'는 옛날 사람들이 남긴 흔적이 있는 곳을 말한답니다. 주로 역사적으로 중요한 건물, 무덤, 유물 등이 발견된 장소예요. 유적지를 방문하면 옛사람들의 생활 모습과 문화를 직접 보고 배울 수 있어요.
예) 체험 활동으로 우리 동네에 있는 유적지를 찾아보기로 했어.

자만하다 자신이 잘났다고 믿고 지나치게 뽐내거나 스스로를 높이 평가하는 걸 말해요. 또 다른 사람의 의견을 듣지 않고, 실수할 수도 있다는 걸 생각하지 않는 태도를 뜻하기도 하고요. 예를 들어, "이겼다고 자만하다가 다음 경기에서 졌어."라고 하면, 처음 이긴 게 자랑스러워 방심한 결과, 다음 경기에서 진 상황을 떠올릴 수 있어요.

예) 너무 자만하지 말고 항상 겸손한 태도를 가지는 게 중요해!

이 속담은 이럴 때!

'**돌다리도 두들겨 보고 건너라**'라는 속담은 잘 아는 일이나 익숙한 일이라도 실수를 막기 위해 신중하게 행동해야 한다는 뜻이에요. 조심해서 나쁠 것은 없다는 의미로, 중요한 결정이나 위험할 수 있는 상황에서는 더욱 꼼꼼히 확인하고 대비해야 함을 강조할 때 사용해요.

> 쉬운 숙제라고 급하게 했더니 틀린 게 많았어. 돌다리도 두들겨 보고 건너랬는데 말이야.

> 익숙한 일이지만 꼼꼼히 확인한 덕분에 실수를 미리 막을 수 있었어. 돌다리도 두들겨 보고 건넌 셈이야.

> 돌다리도 두들겨 보고 건너라는 말처럼, 정답을 쓴 다음 다시 한 번 더 확인하는 게 좋아.

천 리 길도 한 걸음부터

아무리 큰일이라도 처음부터 차근차근 시작해야 이루어진다.
시작이 중요하다.

천 리는 오늘날로 치면 서울에서 부산까지의 거리 정도를 말해요. 옛날에는 자동차나 기차 같은 탈것이 없었어요. 그래서 천 리 밖의 사람을 만나거나 일을 보러 갈 때는 짐을 챙겨 걸어가야 했지요. 며칠 동안 걷다 쉬다를 반복하며 길을 다녔는데, 하도 멀어서 중간에 짚신이 닳다 보니 갈아 신을 새 짚신까지 챙겨 다녀야 했대요.

그때의 길은 지금처럼 포장된 길이 아니라 울퉁불퉁한 흙길이었고, 때로는 강도 건너고 산도 넘어야 했어요. 어떤 때는 어둠 속에서 산짐승들의 **위협**도 견뎌야 했지요. 이렇게 **험난한** 길도 한 걸음씩 나아가야 목표한 천 리 길을 끝까지 갈 수 있었어요. 그래서 '천 리 길도 한 걸음부터'라는 속담은 큰일도 차근차근 노력해야 이룰 수 있다는 뜻이에요.

우리나라는 1960년대부터 엄청난 경제 성장을 이루었어요. **불과** 50여 년 전만 해도 지금처럼 발전된 대한민국을 상상하기 어려웠지만, 많은 사람이 각자의 자리에서 열심히 노력한 덕분에 이룰 수 있었지요. 이것이 바로 '천 리 길도 한 걸음부터'라는 속담이 잘 어울리는 사례입니다.

세계에서 가장 높은 건물을 세울 때도 마찬가지예요. 처음에는 땅을 다지고 기초를 쌓는 것부터 시작해야 해요. 학생들도 목표한 점수를 얻기 위해서는 한 문제씩 풀어가야 하고요. 모든 큰일은 작은 한 걸음에서 시작되는 거예요. 여러분은 지금 어떤 목표를 향해 한 걸음씩 내디딜 준비를 하고 있나요?

위협   다른 사람을 두렵게 하거나 겁을 주는 행동을 말해요. 예를 들어, "너 다치게 할 거야!"라고 말하거나, 무섭게 만들려고 행동할 때 사용돼요. 이렇게 상대방을 불안하게 하거나 겁을 주는 것이 바로 위협이에요. 위협은 상대방에게 정신적으로나 신체적으로 위험을 주려는 의도가 담긴 행동이에요.

예) 그는 친구에게 위협을 가했어!

험난하다   상황이나 일이 어려워서 쉽게 해결하기 힘들다는 뜻이에요. 주로 힘들고 고된 일이 있을 때 사용해요. 예를 들어, 높은 산을 오르거나 어려운 일을 겪을 때 '험난하다'라고 표현할 수 있어요. 이런 일을 겪을 때는 인내와 끈기가 필요해요.

예) 이 산을 오르는 길이 정말 험난해.

불과   '불(不)'은 '아니다', '과(過)'는 '넘다'라는 뜻이 있어요. 그래서 '불과'는 '넘지 않는다'는 의미에서 '그 정도밖에 안 된다'는 뜻으로 사용해요. 보통 다른 것과 비교할 때, 양이나 정도가 매우 적다고 느껴질 때 써요. 예를 들어, "불과 몇 분 만에 일이 끝났어!"라고 하면, 일이 아주 짧은 시간 안에 끝났다는 뜻이에요.

예) 공부를 시작한 지 불과 10분 만에 집중이 흐트러졌어!

덕분 다른 사람의 도움이나 영향으로 좋은 일이 생겼다는 뜻이에요. 보통 누군가의 도움으로 일이 잘 됐을 때 사용해요. 예를 들어, "친구 덕분에 숙제를 다 끝냈어!"라고 하면, 친구가 도와줘서 숙제를 잘 마쳤다는 뜻이에요. 이렇게 '덕분'은 누군가의 도움으로 좋은 결과가 나왔을 때 쓰는 말이에요. 반대말로는 '탓'이 있어요.

예) 엄마 덕분에 맛있는 점심을 먹었어!

이 속담은 이럴 때!

'**천 리 길도 한 걸음부터**'라는 속담은 아무리 큰 목표라도 시작은 작은 것에서부터 이루어진다는 뜻이에요. 큰 꿈을 이루려면 처음부터 겁내지 말고, 한 걸음씩 차근차근 나아가는 것이 중요해요. 이 속담은 어떤 일이든 시작하는 용기와 꾸준한 노력이 필요하다는 것을 가르쳐 줘요. 목표를 이루려면 포기하지 말고 한 걸음씩 앞으로 나아가는 것이 중요하다는 점을 강조할 때 자주 사용해요.

- 처음부터 잘할 순 없어. 천 리 길도 한 걸음부터라잖아!

- 매일 조금씩 연습하면 실력이 늘 거야. 천 리 길도 한 걸음부터니까!

- 천 리 길도 한 걸음부터! 한 장씩 읽다 보면 어느새 책 한 권을 다 읽게 될 거야.

낯말은 새가 듣고 밤말은 쥐가 들으니 몸가짐도 말도 조심해야겠어요.

가는 말이 고와야 오는 말도 고우니 좋은 말로 대하고,

똥 묻은 개가 겨 묻은 개 나무란다 하니

세 번째 걸음

아니 땐 굴뚝에 연기 날까 싶어 소문이 궁금하지만,
조심해야겠어요. 중심을 잘 잡아 사공이 많아 배가 산으로 가는 일은 안 만들 거예요.

낮말은 새가 듣고
밤말은 쥐가 듣는다

아무도 없다고 생각해도 누군가 들을 수 있으니,
언제 어디서나 말조심해야 한다.

* **낮말** 낮에 하는 말.
* **밤말** 밤에 하는 말.

'낮말은 새가 듣고 밤말은 쥐가 듣는다'라는 속담, 많이 들어 봤지요? 이 속담에는 과학적인 원리도 숨어 있어요.

사람이 내뱉는 말의 **파동**, 즉 **음파**는 공기를 통과할 때 온도에 따라 속도가 달라져요. 온도가 낮으면 공기 입자의 움직임이 느려져 음파의 속도도 늦어지고, 반대로 온도가 높으면 공기 입자의 움직임이 빨라져 음파의 속도도 빨라진대요.

낮에는 태양열로 인해 땅에 가까운 공기가 뜨거워지고, 하늘의 공기는 차가워져요. 이때 음파는 하늘 쪽으로 휘어져 새가 듣기 좋은 환경이 돼요. 반대로 밤에는 땅의 온도가 낮아지고, 하늘의 온도가 상대적으로 높아져 음파가 땅 쪽으로 휘어 쥐가 듣기 좋은 환경이 된다고 해요. 속담 속에서 쥐와 새를 **빗대어** 표현한 이유가 바로 여기에 있어요. **결국 낮이든 밤이든 말조심해야 한다는 뜻을 담고 있지요.** 속담 속에 과학 원리가 숨어 있네요.

비밀을 지키는 것과 관련해 '오프 더 레코드'라는 표현도 있어요. 주로 기자들이 시용하는 말인데, **취재** 중 **녹음**이 불가능한 비밀스러운 정보를 다룰 때 '오프 더 레코드'라고 말하며 녹음을 끄고 이야기를 나눈대요. 이때 나눈 이야기는 기사로 쓰지 않아요.

여러분도 '한 사람에게만 말하면 괜찮겠지?' 하고 전한 비밀이 어느새 입에서 입으로 퍼져 모두가 아는 비밀이 된 적 있지 않나요? 비밀은 지켜질 때 **비로소** 진정한 비밀이 되는 거예요.

문해력 쑥쑥 낱말 공부

파동 물결처럼 퍼져 나가는 움직임을 말해요. 예를 들어, 물에 돌을 던지면 돌이 떨어진 곳에서 물결이 퍼지죠. 이처럼 소리나 빛, 물결처럼 에너지가 진동에 의해 퍼져 나가는 것이 파동이에요. 파동은 에너지가 이동하는 방법 중 하나랍니다.
예) 소리도 공기를 통해 퍼지는 파동의 한 종류예요.

음파 소리의 움직임을 말해요. 우리가 말을 하거나 소리를 내면 공기가 떨리면서 주변으로 전해져요. 친구가 멀리서 소리치면 그 소리가 공기를 따라 우리 귀에까지 전해지는 것도 음파 때문이에요.

빗대다 어떤 것을 직접 말하지 않고 빙 둘러서 표현하는 것을 말해요. 보통 속담이나 비유적인 표현을 사용할 때 많이 쓰여요. "친구는 너무 빠르게 달려서 치타에 빗댈 만해."라고 하면, 친구의 빠른 달리기 실력을 치타와 비교해서 말하는 거예요.

취재 기사를 쓰거나 방송을 만들기 위해 필요한 정보를 모으는 것을 말해요. 기자가 직접 현장을 방문하거나 사람들을 만나 이야기를 듣고, 사진이나 영상으로 기록하는 것도 취재에 포함돼요. 정확한 사실을 알리기 위해 중요한 과정이에요.

비로소 어떤 일이 그 전까지는 이루어지지 않다가 처음으로 이루어질 때 쓰는 말이에요. 즉, 오랫동안 준비하거나 기다린 끝에 마침내 어떤 일이 이루어지거나 변화하기 시작함을 나타낼 때 사용해요. "열심히 연습한 후에야 비로소 자전거를 혼자 탈 수 있었어."라고 하면, 연습을 많이 한 뒤에야 자전거를 탈 수 있게 되었다는 뜻이에요.

예) 먹고 나서야 비로소 그 맛을 알 수 있었다.

이 속담은 이럴 때!

'**낮말은 새가 듣고 밤말은 쥐가 듣는다**'라는 속담은 아무리 비밀스럽게 말해도 누군가는 듣게 된다는 뜻이에요. 조심스럽지 않은 말이 예상하지 못한 결과를 가져올 수 있으니 남을 험담하지 말고 비밀을 지켜야 한다는 가르침을 주지요. 소문이나 비밀은 쉽게 퍼지기 때문에 말할 때 조심해야 해요.

> SNS에 비공개로 한 말이 퍼지다니, 낮말은 새가 듣고 밤말은 쥐가 듣는다는 걸 잊었네.

> 세상에는 정말 비밀은 없는 법이야. 낮말은 새가 듣고 밤말은 쥐가 듣는다더니, 금방 소문이 났잖아.

> 실수로 던진 말이 이렇게 크게 퍼질 줄 몰랐어. 낮말은 새가 듣고 밤말은 쥐가 듣는다는 걸 명심해야겠다.

발 없는 말이 천 리 간다

말은 금세 멀리 퍼지므로, 말을 할 때는 함부로 하지 말고 조심해야 한다.

* **리** 거리를 재는 단위. 1리는 400미터 조금 모자라는 거리.

발 없는 말이 천 리를 간다니, 말이 **공중 부양**이라도 하는 걸까요? 여기서 '말'은 타는 말이 아니라 우리가 내뱉는 말이에요.

그럼 천 리는 얼마나 되는 거리일까요? 10리가 약 4킬로미터이니, 천 리면 400킬로미터, 오늘날 서울에서 부산까지의 거리 정도예요. 발도 없는 말이 그렇게 멀리 퍼진다는 뜻인데, 요즘처럼 인터넷과 휴대폰이 발달한 시대라면 천 리가 아니라 만 리, 십만 리, 온 세상 끝까지 퍼질 수도 있겠지요. 하지만 이 속담이 쓰이던 **시절**에는 이런 문명의 **혜택**이 전혀 없었기에 더욱 놀라운 일이었을 거예요.

이 속담은 실제 생활 속에서 하는 말보다 우리가 자주 사용하는 인터넷에 올리는 글을 생각하면 쉽게 이해할 수 있어요. 인터넷 카페나 기사에 댓글을 달아 본 친구들도 있겠지요? 그 글을 올릴 때 몇 명이나 볼 거라고 생각했나요? 열 명? 백 명? 그렇게 생각했다면 큰 착각이에요. 인터넷에 올린 글은 정말 '발 없는 말'이 되어 빛의 속도로 퍼져 나가요. 여러분 생각보다 훨씬 많은 사람들이 읽을 수 있지요. 그래시 입으로 하는 말뿐만 아니라, 자판 위에서 손이 만들어 내는 말도 신중하게 해야 해요. <mark>나의 경솔한 한마디가 누군가에게 씻을 수 없는 상처를 줄 수 있다는 걸 명심해야 해요.</mark>

말은 돌고 돌며 다른 사람의 입을 거치면서 커지고 과장되거나 본래 의도와 달라질 수 있어요. 그래서 항상 말조심을 해야 한다는 뜻으로 이 속담이 쓰이는 거예요. 작은 말 한마디가 예상치 못한 결과를 불러올 수도 있으니 더욱 신중해야 해요.

공중 공중은 하늘과 땅 사이의 빈 공간을 뜻해요. 한자로 보면, '공(空)'은 비어 있다는 뜻이고, '중(中)'은 가운데나 중심을 뜻해요. 또한 물리적인 공간뿐만 아니라, 비어 있거나 빠져나간 상태를 표현할 때도 사용돼요. 예를 들어, "계산서를 보니 몇 개가 공중에 붕 떴네?"라는 말은 일부 내용이 빠졌다는 뜻이에요.
예) 새가 공중을 날아다녔어.

부양 가라앉은 것이 떠오르거나, 가라앉은 것을 떠오르게 하는 것을 말해요. "비눗방울이 천천히 부양(浮揚)했어."라고 할 때 '부양'은 가벼운 것이 떠오른다는 의미이고, '경기 부양'에서 '부양'은 경제나 상황을 끌어올리는 데 힘을 보탠다는 뜻이에요. 참! '부양을 받다'처럼 생활 능력이 없는 사람을 돌본다는 의미의 '부양(扶養)'은 한자가 달라요.
예) 헬륨 가스가 들어간 풍선은 스스로 부양해서 천장에 닿았어.

시절 어떤 일이 있었던 때나 시기를 말해요. "그 시절은 그랬지."처럼 즐거웠거나 그리웠던 순간, 또는 힘들었던 시간을 떠올릴 때 쓰고, "시절이 어수선하다."처럼 그때의 상황을 설명할 때도 써요.
예) 할머니께서 어린 시절 이야기를 재미있게 들려주셨어요.

혜택 도움이 되거나 이로운 점을 뜻해요. 어떤 것 덕분에 편리함을 누리거나 좋은 결과를 얻었을 때 주로 사용해요. 혜택은 자연, 기술, 제도 등 여러 대상으로부터 다양한 형태로 받을 수 있어요. 장학금 제도의 혜택을 받게 되면 경제적 부담 없이 공부할 수 있어요.

예) 우리는 과학의 발전 덕분에 다양한 혜택을 누리고 있어요.

이 속담은 이럴 때!

'**발 없는 말이 천 리 간다**'라는 속담은 말이나 행동, 또는 소문이 빠르게 퍼져 큰 영향을 미칠 수 있다는 뜻이에요. 사람들 입에서 나오는 말이 달리는 말보다 더 빨리 퍼질 수 있다는 것을 알려 주는 속담이에요. 소문이나 험담이 예상보다 빨리 퍼질 때 주로 사용해요. 말을 함부로 하면 나쁜 결과가 따를 수 있으니, 말할 때는 늘 조심해야 하지요.

그 말이 퍼질 줄 몰랐는데, **발 없는 말이 천 리 간다**더니 정말 빠르게 퍼졌어.

발 없는 말이 천 리 간다더니, 그 얘기가 벌써 다 퍼졌어! 어디서 들었대?

발 없는 말 천리 간다는 말이 맞나 봐! 그냥 별생각 없이 한 말이었는데, 이렇게 빨리 소문날 줄이야.

가는 말이 고와야 오는 말도 곱다

내가 남에게 예쁘게 말하고 행동해야,
남도 나에게 좋은 말과 행동을 해 준다.

* **곱다** 모양이나 행동이 깔끔하고 예쁘다.

 아침에 잠이 덜 깬 채 투정을 부리기보다, "아침밥 차려 주셔서 감사합니다. 맛있게 먹겠습니다."라고 말해 보면 어떨까요? 그러면 엄마도 화내는 대신 환하게 웃으며 "많이 먹고 건강해."라고 말씀해 주실 거예요. 어쩌면 감동받아 용돈도 올려 주실지도 몰라요.

이처럼 상대방에게 좋은 말을 하면 좋은 말이 돌아오는 법이에요. 거꾸로 말하면, 좋은 말을 듣고 싶다면 내가 먼저 <mark>좋은 말을 해야 한다는 의미도 담고 있어요.</mark>

말의 중요성을 보여 주는 재미있는 이야기가 있어요. 이솝 우화를 쓴 이솝이 크산토스라는 사람의 하인으로 있을 때의 일이에요.

어느 날 크산토스는 이솝에게 중요한 손님을 위해 최고급 요리를 준비하라고 했어요. 이솝은 삶은 혀, 볶은 혀, 구운 혀 등 혀로 만든 요리를 내놓았어요. 화가 난 크산토스가 이유를 묻자, 이솝은 태연하게 대답했어요.

"혀보다 더 좋은 것은 없습니다. 혀는 인간의 문명을 만들고, 사람을 교육하며, 신을 **찬양할** 수도 있습니다."

크산토스는 말문이 막혀 다시 지시했어요. "내일은 가장 나쁜 요리를 준비해라." 하지만 다음 날도 이솝이 내놓은 요리는 똑같았어요. 크산토스가 또 화를 내자, 이솝이 말했어요.

"혀보다 나쁜 것도 없습니다. 혀는 신을 **모독하고**, **불화**를 일으키며, 전쟁과 나라의 멸망까지 **초래할** 수 있습니다."

이 이야기로 우리는 혀, 즉 말이 얼마나 큰 힘을 가졌는지 알 수 있어요.

문해력 쑥쑥 낱말 공부

찬양하다 훌륭하거나 좋은 것을 높이 평가하고 기리는 것을 말해요. 뛰어난 업적이나 멋진 능력, 아름다운 자연이나 신을 높이 칭찬할 때 사용해요. 노래나 글로 그 가치를 표현하기도 해요. 역사 속 위대한 인물이나 아름다운 풍경을 찬양하며 감탄하기도 해요.
예) 사람들은 그의 희생정신을 찬양하며 기념비를 세웠어요.

모독하다 말이나 행동으로 어떤 사람이나 소중한 것을 함부로 대하거나 낮잡아 보고 욕되게 하는 것을 뜻해요. "친구를 모독하는 말은 하면 안 돼."라고 하면, 친구를 무시하거나 비웃는 말로 기분 나쁘게 하면 안 된다는 뜻이에요. "전통을 모독해서는 안 돼."라고 하면, 오랫동안 소중하게 지켜온 문화를 함부로 깎아내리면 안 된다는 뜻이에요.
예) 자연을 망가뜨리는 것은 우리 모두가 살아가는 세상을 모독하는 것이에요.

불화 서로 사이가 나빠져 다투거나 갈등이 생기는 것을 말해요. '불(不)'은 '없다'는 뜻이고, '화(和)'는 화합 또는 조화를 뜻해요. 그래서 불화는 화합이 없다는 의미예요. 사람들이 의견이 맞지 않으면 불화가 생길 수 있어요. 불화가 계속되면 관계가 멀어질 수도 있으니, 서로의 생각을 이해하려고 노력하는 것이 중요해요.
예) 작은 오해가 쌓여 결국 친구와 불화가 생겼어.

초래하다   어떤 일이 원인이 되어 다른 일이 일어나거나 결과를 만들어 내는 것을 뜻해요. 예를 들어, "거짓말은 큰 문제를 초래할 수 있어."라고 하면, 거짓말이 나쁜 결과를 가져올 수도 있다는 뜻이에요. "환경 오염은 기후 변화를 초래해."라고 하면, 환경을 더럽히는 것이 결국 지구의 날씨를 바꾸는 원인이 된다는 뜻이에요.

예) 부주의는 돌이킬 수 없는 재앙을 초래할 수도 있어요.

이 속담은 이럴 때!

'**가는 말이 고와야 오는 말도 곱다**'라는 속담은 친절하고 공손한 말과 행동이 좋은 결과를 가져온다는 뜻이에요. 예의와 존중을 중요하게 여긴 조상들의 가르침이 담겨 있어요. 친절하고 예의 바른 말과 행동은 좋은 관계를 만드는 데 큰 역할을 하죠. 대화를 하다 보면 상대의 태도에 영향을 받기 마련이에요. 그래서 상대방을 존중하는 말과 행동은 서로 믿음을 쌓고 좋은 관계를 만드는 데 도움이 돼요.

> 버스에서 내리면서 기사님께 공손하게 인사했더니, 기사님도 친절하게 대해 주셨어. 역시 **가는 말이 고와야 오는 말도 곱군.**

> **가는 말이 고와야 오는 말도 고운** 게 맞나 봐. 인터넷 댓글을 공손하게 썼더니, 상대방도 예의 바르게 답글을 달았어.

> 먼저 다정하게 말을 걸어 봐! **가는 말이 고와야 오는 말도 고운** 법이잖아.

아니 땐 굴뚝에 연기 날까

어떤 일이 생겼다면 반드시 원인이 있다.

* **때다** 아궁이 따위에 불을 지피어 타게 하다.
* **굴뚝** 불을 땔 때 연기가 밖으로 나가게 만든 곳.

 굴뚝 하면 노을 지는 마을에서 저녁 짓는 연기가 모락모락 피어오르는 정겨운 모습이 떠오르지만, 우리 어린이 친구들은 그런 풍경을 본 적이 없을 것 같아요.

하지만 크리스마스이브에 선물을 들고 굴뚝을 통해 들어가는 산타 할아버지 이야기는 익숙하지요? 만화에서는 뚱뚱한 산타가 굴뚝에 끼어 **난감해하는** 모습이나, 굴뚝을 내려오다 얼굴이 까맣게 되는 장면을 자주 보았을 거예요. 굴뚝의 용도를 약간 **우스꽝스럽게** 그리고 있는데, 이런 굴뚝이 어린이들에게는 더 **친근할** 것 같아요.

굴뚝은 집 안의 연기를 밖으로 내보내는 긴 통로예요. 그럼 굴뚝에서 연기가 나려면 어떻게 해야 할까요? 당연히 집 안에서 불을 피워야 해요. 우리 조상들은 이런 모습을 보고 **재치** 있는 속담을 만들어 냈어요. ==불을 피우지 않고는 굴뚝에서 연기가 날 수 없듯이, 어떤 결과에는 반드시 원인이 있다는 뜻을 담고 있어요.==

이 속담은 주로 떠도는 소문과 관련해 많이 쓰여요. 유명한 축구 선수가 다른 팀 관계자와 만났다는 기사가 나왔어요. 처음에는 우연히 만난 것일 수도 있다고 생각했지만, 곧 '아니 땐 굴뚝에 연기 날까'라는 말과 함께 이적 소문이 퍼지기 시작했어요. 그리고 시간이 지나 그 선수가 실제로 이적하자, 소문이 아무 근거 없이 생기는 것은 아니라는 걸 알 수 있었어요.

난감하다 어떻게 해야 할지 몰라서 어렵거나 답답하다는 뜻이에요. 예상하지 못한 일이 생겨서 당황할 때 사용할 수 있어요. 예를 들어, "발표 준비를 다 했는데, 갑자기 주제가 바뀌어서 정말 난감했어."라고 하면, 예상치 못한 상황에 어떻게 해야 할지 몰라 곤란한 모습을 떠올릴 수 있어요.
예) 새 신발을 신었는데 갑자기 비가 와서 난감했어.

우스꽝스럽다 말이나 행동이 너무 과장되거나 어색해서 웃음이 나올 만큼 재미있고 이상한 모습을 말해요. 누군가 실수하거나 예상치 못한 행동을 했을 때 자주 사용해요. '우스꽝스럽다'에서 '우스'는 '우습다'에서 온 말이에요. 그래서 누군가 일부러 웃기려 할 때도 우스꽝스럽다고 표현할 수 있어요.
예) 커다란 가방을 메고 뒤뚱거리는 동생 모습이 우스꽝스러웠어!

친근하다 사람이나 사물, 장소 등이 편하고 가깝게 느껴진다는 뜻이에요. '친(親)'은 '친하다', '근(近)'은 '가깝다'는 뜻이에요. "오랜만에 만났지만 늘 함께했던 것처럼 친근하게 느껴졌어."라고 하면, 오랜만에 봤지만 어색하지 않고 편안한 느낌을 떠올릴 수 있어요.
예) 우리 집 강아지는 처음 본 사람에게도 친근하게 다가가요.

재치 눈치 빠르게 상황을 잘 파악하고, 알맞은 말이나 행동을 하는 능력을 말해요. 남들이 생각하지 못한 기발한 생각이나 말을 가리키기도 해요. "친구가 곤란한 질문을 했지만, 재치 있게 답해서 분위기를 살렸어."라고 하면, 빠르게 상황을 파악하고 재미있게 대처하는 모습을 떠올릴 수 있어요.

예) 그는 재치 있게 글자 몇 개를 바꿔서 재미있는 문장을 만들었어.

이 속담은 이럴 때!

'**아니 땐 굴뚝에 연기 날까**'라는 속담은 어떤 소문이 났다면 반드시 그에 대한 이유나 근거가 있다고 여긴다는 뜻이에요. 불이 없는데 연기가 날 수 없듯이, 어떤 말이나 소문도 그냥 생기는 것이 아니라는 뜻에서 나온 말이에요. 소문이 사실인지 의심하거나 맞는지 틀린지 따질 때 자주 사용해요.

> 단짝이던 선우와 진태 사이가 멀어졌대. 아니 땐 굴뚝에 연기 나랴, 뭔가 이유가 있으니까 그런 말이 나온 거겠지.

> 엄마가 갑자기 나한테 화를 내는 이유가 있겠지. 아니 땐 굴뚝에 연기 날 리 없잖아.

> 아니 땐 굴뚝에 연기 날까. 지수랑 소민이가 다툰 게 사실인가 봐. 요즘 서로 말도 안 하더라.

똥 묻은 개가 겨 묻은 개 나무란다

자기 잘못이 더 크면서 남의 작은 실수를 가지고 흉을 본다.

* **겨** 벼, 보리, 조 따위의 곡식을 찧어 벗겨 낸 껍질 부분.

옛날에는 똥이 지저분하고 보기 싫은 것이기도 했지만 땅을 **기름지게** 만들어 주는 고마운 존재이기도 했어요. 그래서 친근한 표현으로 속담에도 자주 등장하는 것 같아요.

　어느 시골 마을에 만봉이라는 개와 칠복이라는 개가 살았어요. 만봉이의 주인은 농사를 짓고, 칠복이의 주인은 **정미소**를 운영했어요. 그래서 만봉이의 몸에는 주인이 거름으로 사용하려고 모아 놓은 똥이 묻어 있었고, 칠복이의 몸에는 쌀 찧고 남은 왕겨가 붙어 있었어요. 하지만 둘은 신나게 들판을 뛰어다니며 잘 놀았어요.

　그러던 어느 날, 도시에서 살던 세련된 개 메리가 마을에 이사 오게 되었어요. 만봉이와 칠복이는 메리에게 반해 관심을 끌어 보려고 애썼지만, 메리는 시골 개에게는 관심이 없었어요. 그러던 중 칠복이가 용기를 내어 메리에게 친구가 되고 싶다고 말했어요. 하지만 만봉이는 칠복이를 비웃으며, 쌀겨가 잔뜩 묻은 개가 감히 메리와 친구가 될 생각을 하느냐며 **핀잔**을 주었어요. 이 모습을 지켜보던 메리는 민봉이를 보며 얼굴에 묻은 똥부터 닦으라고 말하고는 쌩 하고 집으로 들어가 버렸어요.

　이 상황이 바로 '똥 묻은 개가 겨 묻은 개 나무란다'라는 속담과 같아요. 정작 자신은 더럽고 냄새나는 똥을 묻히고 있으면서, 겨 묻은 개를 비웃다니 말이에요. 이처럼 자신의 큰 **허물**은 생각하지 않고 남의 작은 허물만 들춰내는 사람에게 이 속담을 쓰는 거예요.

문해력 쑥쑥 낱말 공부

기름지다 땅이나 음식에 기름기가 많다는 뜻이에요. 땅이 기름지면 곡식이 잘 자라고, 농사짓기에 좋아요. 음식이 기름지면 기름기가 많아 맛이 풍부하고, 부드럽거나 고소한 느낌을 줄 수 있어요. 예를 들어, 기름진 고기는 씹을수록 풍미가 살아나고, 기름진 땅에서는 다양한 작물이 잘 자라요.
예) 산 아래 땅이 기름지고 넓다.

정미소 벼에서 껍질을 벗겨 깨끗한 쌀로 만드는 곳을 말해요. '정(精)'은 깨끗하고 정밀하게 다듬는다는 뜻, '미(米)'는 쌀을 뜻하고, '소(所)'는 그 일을 하는 곳을 의미해요. 예전에는 마을마다 정미소가 있어, 수확한 벼를 찧어서 쌀로 만들었어요. 요즘은 대형 공장에서 쌀을 가공하기 때문에 마을에서 정미소를 보기가 어려워요.
예) 우리는 정미소에서 갓 찧은 쌀을 받아 왔어.

핀잔 다른 사람을 꾸짖거나 비꼬아 말해서 언짢게 하는 것을 뜻해요. 예를 들어, 숙제를 깜빡한 아이에게 "또 안 해 왔어?"라고 말하면 핀잔을 주는 거예요. 상대방이 실수했을 때 나무라거나 비꼬는 말투로 혼낼 때 많이 쓰여요. 예를 들어, "엄마가 숟가락을 들다 말고 가자미눈으로 내게 핀잔을 놓았다."라는 문장에서처럼, 핀잔은 말뿐만 아니라 표정으로도 나타낼 수 있어요.
예) 투정을 부리다가 엄마에게 핀잔을 듣기도 했다.

허물 부족하거나 잘못된 행동 또는 남에게 비웃음을 살 만한 거리를 가리켜요. 크고 작은 실수뿐만 아니라, 한때 저지른 잘못이나 흠이 되는 행동도 허물이라고 할 수 있어요. 하지만 누구나 실수할 수 있으니, 서로의 허물을 덮어 주고 이해하는 마음도 중요해요.

예) 친구의 작은 허물 정도는 이해하고 용서해 주는 것도 필요해.

이 속담은 이럴 때!

'**똥 묻은 개가 겨 묻은 개 나무란다**'라는 속담은 자기 허물은 생각하지 않고 남의 작은 잘못을 비웃는다는 뜻이에요. 똥 묻은 개가 겨 묻은 개를 더럽다고 나무라는 모습처럼, 자신의 큰 문제는 보지 못하면서 다른 사람의 작은 실수를 지적하는 태도를 풍자하는 속담이지요. 자기 문제는 잘 보지 못하고 남의 잘못만 크게 보게 되는 경우에 자주 사용해요.

> 자기도 지각하면서 나보고 늦었다고 뭐라고 하네. **똥 묻은 개가 겨 묻은 개 나무란다**는 말이 딱이야.

> 시험 공부 하나도 안 한 애가 나한테 더 열심히 하라고 하네? **똥 묻은 개가 겨 묻은 개 나무란다**더라.

> **똥 묻은 개가 겨 묻은 개 나무란다**더니 자기 일도 안 끝낸 사람이 나한테 빨리 하라고 닦달하네.

사공이 많으면 배가 산으로 간다

나서는 사람이 많으면 일이 오히려 제대로 되지 않고 실패할 수 있다.

* **사공** 뱃사공, 배로 사람이나 물건을 실어 나르는 일을 하는 사람.

옛날에는 요즘처럼 강을 가로질러 건널 수 있는 다리가 별로 없었어요. 그래서 강을 건널 때 작은 나룻배를 이용했지요. 배에는 뱃사공이 있었는데, 뱃사공은 손님들이 무사히 강을 건널 수 있도록 기다란 노를 저으며 배의 방향을 잘 잡아야 했어요.

그런데 작은 배에 뱃사공이 여러 명이라면 어떻게 될까요? 각자 자기 의견이 맞다고 주장하며 서로 다투다 보면 배가 제대로 가지 못할 거예요. 뱃사공마다 노를 잡고 있으면 배는 엉뚱한 방향으로 흘러가게 되겠지요. 그래서 생겨난 속담이 '사공이 많으면 배가 산으로 간다'예요. 배는 강이나 바다에서 떠다녀야지, 산으로 가면 아무짝에도 쓸모가 없잖아요? 이럴 때는 뱃길을 잘 아는 사공 한 명이 잘난 여러 명보다 나은 법이에요.

우리도 함께 무언가를 결정할 때 제각각 자기 주장만 내세우면 방향을 잡지 못하고 엉뚱한 곳으로 가게 돼요. 그래서 누군가는 앞에 나서서 의견을 조율하고 최종 결정을 내려야 하지요.

'요리사가 많으면 수프를 망친다'라는 외국 속담이 있어요. 여러 요리사가 각자 자기 방식을 고집하며 재료를 마구 넣으면 수프의 맛이 조화를 이루지 못하고 엉망이 되겠지요. 표현은 다르지만 뜻이 통하는 속담들이 각 나라에 있다는 점이 참 흥미로워요.

이처럼 어떤 일이든 서로 자기 주장만 내세우면서 양보하지 않으면 원하는 목표를 이루지 못할 수 있어요. 그러니 함께할 때는 의견을 잘 모으고 조율하는 것이 아주 중요하겠지요.

아무짝 '아무 데'를 낮추어 이르는 말로, 아무 데도 쓸모나 가치가 없다고 할 때 쓰는 표현이에요. 주로 '아무짝에도 쓸모없다'처럼 부정적인 표현과 함께 쓰이며, 어떤 물건이나 행동이 기대한 역할을 하지 못할 때 사용돼요. "이 물건은 이제 아무짝에도 쓸모없어."라고 하면, 기대한 기능을 하지 못하거나 더 이상 필요하지 않다는 뜻이에요.

예) 구멍 뚫린 양동이라니, 아무짝에도 못 쓰겠다.

조율하다 서로 다른 의견이나 상태를 조정하여 균형을 맞추는 것을 말해요. 주로 사람들 사이의 의견을 맞추거나, 악기의 음을 조정할 때 사용돼요. 예를 들어, 합창 연습을 할 때 모든 목소리가 조화롭게 어울리도록 음을 맞추는 것, 친구들과 놀이 시간을 정할 때 서로 의견을 나누는 것도 조율하는 과정이에요.

예) 오케스트라는 연주 전에 악기의 음을 조율해요.

조화 서로 잘 어울려 어긋남 없이 자연스럽게 균형을 이루는 것을 말해요. 색깔, 소리, 성격처럼 여러 가지가 부드럽게 어울릴 때 사용해요. 예를 들어, 여러 악기를 함께 연주할 때 소리가 자연스럽게 어울리면 조화롭다고 할 수 있어요.

예) 꽃과 나무가 아름답게 조화를 이루어 정원이 멋져 보였어요.

흥미롭다 어떤 것이 재미있고 관심이 간다는 뜻이에요. 새로운 것을 보거나 신기한 이야기를 들었을 때 사용해요. 예를 들어, 탐험가의 모험 이야기를 들으면 궁금해지고 더 알고 싶어질 때, "정말 흥미롭다!"라고 말할 수 있어요. 흥미로운 것을 만나면 자연스럽게 집중하게 되고, 더 깊이 알고 싶어지기도 해요.

예) 역사책에서 미라의 비밀을 읽었는데 정말 흥미로웠어!

이 속담은 이럴 때!

'**사공이 많으면 배가 산으로 간다**'라는 속담은 나서는 사람이 많으면 일이 제대로 되지 않을 수 있다는 뜻이에요. 사람이 많으면 의견이 엇갈려 방향을 정하기 어려워요. 그럴 때는 한 사람이 중심을 잡아야 일이 순조롭게 풀려요. 이 속담은 의견이 많아 혼란스러울 때는, 힘을 모아 한 방향으로 나아가는 것이 중요하다는 걸 설명할 때 자주 사용해요.

> 다들 자기 의견만 주장하니 결정이 안 나네.
> **사공이 많으면 배가 산으로 간다**더니!

> **사공이 많으면 배가 산으로 간다**잖아. 회의 때 의견이 너무 많아서 결정을 못 했어.

> 누가 이끌지 정하지 않으면 일이 엉망이 돼.
> **사공이 많으면 배가 산으로 가잖아.**

떡 줄 사람은 생각도 않는데 김칫국부터 마셨더니, 궁도 탈이 나겠구나. 뱃속이 뒤틀려 머릿속까지 띠링, 정신없네. 그래도 몸 깨끗이 해낼 수 있겠지요. 지성이면 감천이고, 열 번 찍어 안 넘어가는 나무 없으니.

네 번째 걸음

티끌 모아 태산을 만들어 볼까 해요.

떡 줄 사람은 생각도 않는데 김칫국부터 마신다

상대는 어떤 일을 해 줄 생각도 없는데 혼자서 미리 기대하고 바란다.

* 김칫국 김치의 국물이나 김치를 넣어 끓인 국.

속담은 조상들의 생활 습관과 관련이 있는 경우가 많아요. 이번 속담도 조상들의 생활을 알면 쉽게 이해할 수 있어요. 옛날 사람들은 떡을 먹을 때 목이 메이지 않도록 시원한 김칫국을 같이 마셨대요. 그러면 먹기도 쉽고 맛도 좋았겠죠? 그래서 떡과 김칫국은 함께 먹는 음식으로 자연스럽게 어울렸어요. 그런데 아무도 떡을 줄 생각이 없는데, 혼자 **착각**하고 미리 김칫국부터 마시면 어떻게 될까요? 떡도 없이 매운 김칫국만 마셨으니 속이 쓰릴 거예요!

이런 상황을 가리켜 '떡 줄 사람은 생각도 않는데 김칫국부터 마신다'라고 하는 거예요. 이 말은 아직 이루어지지 않은 일을 미리 기대하고 행동하면 실망할 수도 있다는 뜻이에요.

예를 들어, 생일 선물로 최신형 스마트폰을 받을 거라고 생각해, 미리 예쁜 스마트폰 케이스를 사 두었다고 해 봐요. 그런데 **막상** 생일날 부모님이 책을 선물해 주셨다면 어떨까요? 스마트폰 케이스는 쓸모없어지고, 기대했던 것과 달라서 실망도 클 거예요.

바로 이렇게 확실하지 않은 일에 기대를 품고 먼저 행동하는 것이 '김칫국부터 마시는 행동'이에요. 그러니 **짐작**만으로 쓸데없는 기대를 하기보다는, 먼저 확인하고 **신중하게** 행동하는 태도가 더 중요해요. 어떤 일이든 실제로 이루어지는지 확인한 후에 차근차근 준비하는 것이 더 좋은 결과를 가져올 수 있겠죠?

착각 어떤 사물이나 사실을 실제와 다르게 알거나 생각하는 것을 말해요. 눈으로 본 것이나 머릿속으로 떠올린 것이 실제와 다를 때 사용해요. "친구인 줄 알고 다가갔는데, 다른 사람을 착각했더라고!" 하면, 모르는 사람을 친구라고 잘못 알아본 상황이지요.
예) 곧 출발해야 하는구나, 시간이 넉넉한 줄 착각했어!

막상 어떤 일이 실제로 닥쳤을 때를 말해요. 예를 들어, "공부를 미리 했지만, 막상 시험을 보니 긴장됐어."라고 하면, 시험 전에는 괜찮을 것 같았지만 실제로 그 상황에 닥쳐 보니 다르다는 거예요.
예) 여행을 기대했지만, 막상 낯선 곳에 간다고 생각하니 긴장돼!

짐작 어떤 일이나 상황을 정확히 알지는 못하지만, 어림잡아 생각하는 것을 말해요. 확실하지 않지만 경험이나 단서를 보고 추측할 때 사용해요. 예를 들어, "하늘이 어두운 걸 보니 내 짐작에는 곧 비가 올 거 같아."라고 하면, 일기 예보를 듣지는 않았지만, 과거의 경험을 바탕으로 비가 올 거라고 예상하는 상황을 떠올릴 수 있어요.
예) 마당에 찍힌 발자국을 보고 누가 다녀갔는지 짐작했어요.

신중하다 어떤 일을 할 때 가볍게 결정하지 않고 조심스럽게 생각하는 것을 말해요. 또 실수하지 않도록 한 번 더 확인하고 행동할 때 사용해요. 예를 들어, "중요한 선택을 앞두고 신중하게 고민했어."라고 하면, 급하게 결정하지 않고 차분하게 생각하는 모습을 떠올릴 수 있어요.

예) 길을 건널 때는 신중하게 좌우를 살펴야 해요.

이 속담은 이럴 때!

'**떡 줄 사람은 생각도 않는데 김칫국부터 마신다**'라는 속담은 사람의 말이나 행동뿐만 아니라, 확실하지 않은 일을 미리 기대하고 행동할 때도 쓰여요. 어떤 일이 이루어질지 모르는 상황에서 미리 기뻐하거나 준비했다가 실망하는 경우를 비유할 때 자주 사용하는 속담이에요.

> 친구가 선물을 줄 것 같아서 기대했는데, 알고 보니 다른 친구 선물이래. 떡 줄 사람은 생각도 않는데 김칫국부터 마셨네.

> 떡 줄 사람은 생각도 않는데 김칫국부터 마신다는 말처럼 확실하지 않은 일에 미리 기대하면 실망할 수도 있어!

> 용돈을 올려 주실 줄 알고 사고 싶은 걸 먼저 골라 놨는데, 용돈을 줄인대. 떡 줄 사람은 생각도 않는데 김칫국부터 마셨지 뭐야.

공든 탑이 무너지랴

정성을 다해 노력한 일은 쉽게 무너지지 않고 좋은 결과를 가져온다.

* **공들다** 일을 할 때 정성과 노력이 많이 들다.
* **탑** 여러 층으로 또는 높고 뾰족하게 세운 건축물.

 예로부터 우리 조상들은 탑을 쌓으며 소원을 비는 풍습이 있었어요. 요즘도 신성한 나무 밑이나 바위 옆에 작은 돌을 하나하나 정성스럽게 쌓아 올린 모습을 한 번쯤은 본 적 있지요? 그냥 재미로 돌을 가져다가 마구 쌓아 둔 것이 아니고 작은 돌 하나하나에 정성과 마음을 다해서 조심스럽게 쌓아 두는 것이랍니다. 그런 돌탑은 바람이 불고 비가 와도 쉽게 무너지지 않아요. 왜 그럴까요? 아마도 사람들이 탑을 쌓을 때 들인 정성과 노력 덕분이 아닐까요?

신라의 감은사지 삼층석탑, 불국사의 석가탑과 다보탑처럼 수백 년이 지나도 그 모습을 **유지하는** 탑들이 있어요. 이것들은 이름 없는 **석수장이**들의 오랜 땀과 노력의 결과예요. 오랜 시간 공을 들여 한 층 한 층 쌓아 올린 탑이기에, 마치 타임머신처럼 과거에도, 현재에도, 그리고 미래에도 그 자리를 지킬 수 있는 거예요.

만약 돌을 **정교하게** 깎지 않고 대충 올려 탑을 만들었다면 어떻게 되었을까요? 세월이 지나면서 비바람에 쉽게 무너졌을 거예요. 마찬가지로, 어떤 일이 어렵다고 미리 포기하거나 대충 하려 한다면 목표를 이루기 힘들어요. 집을 지을 때도 기초 공사를 튼튼하게 하면 오랜 세월 비바람에도 무너지지 않는 것처럼, ==한 단계 한 단계 정성을 들여 노력해야 좋은 결과를 얻을 수 있어요.==

이처럼 어떤 일이든 온 정성을 다해 최선을 다하면, 그 노력은 절대 **헛되지** 않다는 의미를 담은 속담이 바로 "공든 탑이 무너지랴"예요.

유지하다 어떤 상태나 상황을 그대로 두거나, 나빠지지 않게 계속 관리하는 것을 말해요. 예를 들어, 잘 정리된 방을 꾸준히 깨끗하게 관리하면 방이 항상 깔끔하게 유지되겠지요. 또한 좋은 습관을 유지한다고 하면, 그 습관을 계속 지키고 있다는 뜻이에요.
예) 날마다 운동을 해서 건강을 잘 유지하고 있어요!

석수장이 '석(石)'은 돌이고, '수(手)'는 손으로 돌을 다루는 일을 하는 사람을 뜻해요. 돌을 자르고, 깎고, 다듬는 일을 하는 사람이지요. '-장이'는 앞에 붙은 것과 관련된 기술을 가진 사람을 뜻해요. '-쟁이'와 헷갈리기 쉬운데, '-쟁이'는 앞에 붙은 단어가 가진 특징이나 성격을 많이 가진 사람을 나타내요, '욕심쟁이'는 욕심이 많은 사람을 뜻하죠.
예) 석수장이가 돌을 자르고 다듬어 궁전의 기둥을 만들었어!

정교하다 아주 세밀하고 정확하게 잘 만들어졌거나, 매우 섬세한 상태를 말해요. 어떤 일이 매우 꼼꼼하게 잘되어 있을 때 사용되지요. 정교한 작업은 시간과 노력을 많이 들여서 완성되며, 작은 실수에도 크게 영향을 미칠 수 있어요. 그래서 정교한 작업을 할 때는 세심하게 주의를 기울여야 해요.
예) 이 그림은 정교하게 그려져서 작은 부분까지 다 볼 수 있어!

헛되다 어떤 일을 했지만 기대한 결과가 없거나, 노력한 보람이 없는 상태를 말해요. 열심히 했지만 기대한 일이 이루어지지 않거나, 노력한 것이 아무 소용이 없게 되었을 때 쓰는 말이에요. '헛'은 단어 앞에 붙어 '이유 없는' 또는 '잘못'이라는 뜻을 더해요. 예를 들어, '헛소문'은 '이유 없는 소문'이라는 뜻이고, '헛디디다'는 '발을 잘못 디디다'는 뜻이랍니다.

예) 그 일은 헛되고 어리석었다.

이 속담은 이럴 때!

'**공든 탑이 무너지랴**'라는 속담은 정성을 다해 노력한 일은 쉽게 무너지지 않고 좋은 결과를 가져온다는 뜻이에요. 노력과 정성은 결코 헛되지 않으며, 어떤 일이든 꾸준히 최선을 다하면 좋은 결과를 얻을 수 있어요. 이 속담은 꾸준한 노력과 인내의 중요성을 알려 줄 때 써요.

> 힘들어도 포기하지 않고 열심히 한다면 반드시 좋은 결과가 있을 거야. 공든 탑이 무너지겠어?

> 공든 탑이 무너지랴! 내가 이렇게 열심히 연습했는데, 당연히 성공하겠지!

> 열심히 색칠하고 꾸몄으니 공든 탑이 무너지지는 않겠지? 내 그림이 꼭 뽑힐 거야!

백지장도 맞들면 낫다

아무리 작은 일이라도 힘을 합치면 더 쉽게 할 수 있다.

* **백지장** 하얀 종이 한 장.
* **맞들다** 물건을 양쪽에서 마주 들거나 함께 힘을 모아 협력하다.

백지장은 글을 쓰거나 그림을 그릴 때 사용하는 아주 얇은 종이를 말해요. 혼자 들어도 무게를 느끼기 어려울 만큼 가벼운 백지장을 둘이 마주 들어야 할까 싶지만, ==아무리 가벼운 물건이나 작은 일도 함께하면 훨씬 더 가볍고 쉬워진다는 뜻을 지닌 속담이에요.== 이 속담은 **협동심**을 강조하고 있어요.

우리 조상들은 농사를 중심으로 살아가며 협동하는 문화를 중요하게 여겼어요. 특히 **모내기**나 **가을걷이** 때는 '품앗이'와 '두레'라는 풍습이 있었어요. 마을 사람들은 하루씩 돌아가며 서로의 농사일을 도왔고, 이런 협동이 있었기에 기계 없이 큰 농사를 지을 수 있었어요.

두레는 마을 사람들이 함께 농사일을 돕고 힘을 모으는 모임이었어요. 두레에서는 신나는 **풍악**을 울려 일하는 속도를 높였고, 농사일을 쉴 때나 명절에도 마을 분위기를 즐겁게 하는 역할을 했어요. 품앗이는 친한 사이끼리 서로 일을 돕는 방식으로 오늘은 한 집의 모내기를 돕고, 다음 날은 다른 집의 일을 도와주는 식이었지요. 품앗이는 김장철에 여러 아주머니들이 모여 함께 김장을 하는 모습과 비슷해요. 함께하면 지루하지 않고, 일도 훨씬 금방 끝나겠지요?

'백지장도 맞들면 낫다'라는 속담도 이런 협동 정신에서 나온 말이에요. 우리 친구들도 조상들처럼 협동의 중요성을 알고 실천하는 어린이가 되길 바라요.

 문해력 쑥쑥 낱말 공부

협동심 '협(協)'은 함께한다는 뜻이고, '동(同)'은 같다는 뜻이에요. 그래서 '협동심'은 여러 사람이 같은 마음으로 함께하려는 마음을 뜻해요. 예를 들어, 친구들과 큰 그림을 함께 그릴 때, 각자 맡은 부분을 열심히 그리다 보면 어느 순간 멋진 작품이 완성되잖아요. 이렇듯 협동심이 있으면 함께하는 일이 더 즐겁고, 어려운 일도 쉽게 해결할 수 있어요.
예) 친구들과 협동심을 발휘해 모둠 발표를 성공적으로 마쳤어요.

모내기 '모'는 벼의 어린싹을, '내기'는 옮겨 심는 것을 뜻해요. 즉 모내기는 벼농사를 위해 논에 어린싹을 옮겨 심는 일을 말해요. 모내기는 보통 초여름에 이루어지며, 기계가 없던 예전에는 마을 사람들이 함께 도와 가며 했어요.
예) 할아버지께서는 초여름이 되면 논에 모내기를 했다고 하셨어.

가을걷이 '가을'은 곡식이 익는 계절이고, '걷이'는 거두어들이는 것을 뜻해요. 그래서 가을걷이는 가을에 벼나 과일 같은 농작물을 수확하는 일을 말해요. 가을은 농부들에게는 일 년 동안 지은 농사의 결실을 맺는 중요한 시기예요. 이때 수확한 곡식으로 겨울을 준비하고, 마을에서는 풍년을 기뻐하는 잔치를 열기도 했어요.
예) 농부는 가을걷이를 마치고 수확한 곡식으로 겨울을 준비해요.

풍악 흥을 돋우기 위해 연주하는 신나는 음악을 말해요. 주로 잔치나 축제에서 북과 장구, 피리 같은 악기를 연주하며 분위기를 즐겁게 만들지요. 옛날에는 신나게 노래하거나 악기를 연주하는 걸 가리켜 "풍악을 울린다."라고 했어요.

예) 마을 잔치에서 신나는 풍악이 울려 퍼졌어요.

이 속담은 이럴 때!

'**백지장도 맞들면 낫다**'라는 속담은 아무리 작은 일이라도 함께하면 더 쉽게 할 수 있다는 뜻이에요. 아주 얇고 가벼운 '백지장'을 여럿이 함께 들면 얼마나 더 가벼울까요? 친구와 함께 어려운 문제를 고민하거나, 가족이 힘을 모아 집안일을 할 때처럼, 힘을 모으면 일이 더 빠르고 쉬워질 때 사용해요. 서로 돕고 힘을 합치면 더 좋은 결과를 낼 수 있다는 가르침을 담고 있어요.

> 혼자 하면 힘든데, 같이하니까 훨씬 수월하네.
> 백지장도 맞들면 낫다더니!

> 온 가족이 함께 청소하니까 금방 끝났어.
> 백지장도 맞들면 낫다잖아!

> 백지장도 맞들면 낫다고, 힘을 합치면 어려운 일도 쉽게 해결할 수 있어!

지성이면 감천이다

어떤 일이든 정성을 다하면 결국 좋은 결과를 얻을 수 있다.

* **지성** 아주 큰 정성.
* **감천** 정성이 아주 커서 하늘이 감동함.

 옛날에 지성이라는 걷지 못하는 아이와 감천이라는 눈이 안 보이는 아이가 살았어요. 둘은 서로에게 다리가 되고 눈이 되어 주었어요. 눈이 안 보이는 감천이가 걷지 못하는 지성이를 업고 다녔지요.

어느 날, 둘은 샘물에서 커다란 금덩이를 발견했어요. 감천이는 보이지 않는 금을 가질 필요가 없다며 지성이에게 주었어요. 지성이는 자신보다 감천이가 가지는 것이 더 낫다고 생각했어요. 결국 둘은 금덩이를 서로 주고받다가 길에서 만난 한 스님에게 주고 절을 지어 달라고 부탁했어요.

오랜 시간이 흐른 뒤, 지성이와 감천이는 어느 절 앞을 지나게 되었어요. 감천이가 지성이를 내려놓고 쉬고 있을 때, 어디선가 자신들의 이름을 부르는 소리가 들려왔어요. 지성이도 귀를 기울여 보니 같은 소리가 들렸어요. 둘은 소리를 따라 절 안으로 들어갔고, 그 순간 감천이의 눈이 보이기 시작했어요. 놀란 감천이는 기쁨에 겨워 팔짝팔짝 뛰었고, 이를 본 지성이도 **덩달아** 따라 뛰었어요. 지성이는 그제야 걸을 수 있게 되었음을 깨달았어요.

정말 기적 같은 일이었어요! 그곳에서는 예전에 금덩이를 받았던 스님이 지성이와 감천이의 이름을 부르며 **불공**을 드리고 있었어요.

"절을 지어 놓고 두 분을 다시 만나게 해 달라고 매일 부처님께 빌었더니 드디어 만나게 되는군요."

스님도, 지성이와 감천이도 이 기적 같은 일에 함께 기뻐했어요. ==이렇게 **정성**을 **다하면** 기적 같은 일이 일어나는 법이랍니다.==

문해력 쑥쑥 낱말 공부

덩달아 다른 사람이 하는 대로 따라 하게 되는 것을 뜻해요. 보통 어떤 사람이 무엇을 하면 그 사람을 따라서 같이 하는 경우에 사용해요. 예를 들어, 친구가 웃으면 나도 따라 웃게 되는 상황이 바로 '덩달아'예요. 비슷한 말로 '따라서'가 있어요.
예) 친구가 춤을 추니까 나도 덩달아 춤을 췄어!

불공 부처님께 정성을 다해 기도하거나 음식을 바치는 일이에요. 한자로 '불(佛)'은 부처님을 뜻하고, '공(供)'은 바치다라는 뜻이에요. 불공을 드리는 것은 부처님께 감사와 존경의 마음을 표현하는 방법이에요. 절에서 기도하면서 음식을 드리는 것도 불공이에요. 불공을 드리며 마음을 차분히 가라앉히고, 자신과 주변 사람들의 행복을 기원할 수 있어요.
예) 오늘은 절에 가서 불공을 드렸어요.

정성 어떤 일을 할 때 온 마음을 기울여 열심히 하는 것을 말해요. 다른 사람에게 잘하려고 노력할 때, 또는 무언가를 할 때 진심으로 마음을 담아 하는 행동을 정성이라고 해요. 예를 들어, 친구에게 선물을 준비할 때, 그 친구를 생각하며 신경을 써서 준비하는 마음이 바로 정성이에요.
예) 어머니는 음식을 정성을 다해 준비하셨어!

다하다 어떤 일을 위해 힘이나 마음을 모두 쏟는다는 뜻이에요. 예를 들어, "그는 시험 준비를 위해 모든 노력을 다했어요."라고 하면, 시험을 잘 보기 위해 최선을 다했다는 뜻이죠. 즉 어떤 목표나 일을 위해 열심히 노력하거나 시간을 아끼지 않고 힘을 쏟았다는 의미예요. 이런 자세는 좋은 결과를 가져올 거예요.

예) 나는 무서워서 있는 힘을 다해 달렸어요.

이 속담은 이럴 때!

'**지성이면 감천이다**'라는 속담은 정성을 다하면 하늘도 감동하여 좋은 결과를 얻을 수 있다는 뜻이에요. 이 속담은 노력과 진심이 결국 보답받는다는 것을 가르쳐 줘요. 어떤 목표를 이루려면 꾸준한 노력과 성실한 태도가 중요하며, 진심을 다하면 좋은 결과가 온다는 희망을 담고 있어요. 그래서 노력과 끈기의 가치를 강조할 때 자주 사용해요.

> 날마다 정성껏 돌봤더니 시든 화분에 새싹이 났어! **지성이면 감천이**라는 말이 딱이야.

> 포기하지 않고 공부했더니 원하는 점수를 받았어! 역시 **지성이면 감천이다!**

> 꾸준히 노력했더니 결국 꿈을 이뤘어! **지성이면 감천**이라는 말이 틀린 게 아니야!

열 번 찍어
안 넘어가는 나무 없다

어려운 일도 포기하지 않고 계속 노력하면 결국 이룰 수 있다.

* 찍다 도끼 같은 날카로운 물건으로 내리치다.

어느 마을에 아주 예쁜 아가씨가 살았어요. 모든 남자들이 그녀를 사랑했고, 그 아가씨와 결혼하는 것이 꿈이었어요. 하지만 아가씨는 웬만한 남자들이 마음에 들지 않았어요. 사랑을 고백하는 남자들을 무시하고 **창피**를 줬어요. 자존심이 상한 남자들은 **절망해** 떠났고, 아가씨의 콧대는 점점 높아졌어요.

그러던 어느 날, 마을에서 가장 못생긴 젊은이가 아가씨와 결혼할 거라고 소문을 내고 다녔어요. 아가씨는 화가 나서 찾아가 따졌어요. 하지만 젊은이는 화를 내지 않고 차분히 말했어요.

"당신이 너무 아름다워서, 못생긴 저도 용기를 냈어요."

아가씨는 기가 막혀 말도 하지 못했어요. 그런데도 젊은이는 날마다 찾아와 사랑을 고백했어요. 마을에는 두 사람이 결혼할 거라는 소문이 퍼졌어요. 아가씨는 처음에는 **터무니없는** 일이라 생각했지만, 매일 정성스럽게 꽃과 선물을 주며 고백하는 젊은이가 점점 멋져 보였지요. 결국 아가씨는 젊은이의 진심에 마음을 열었고, 두 사람은 결혼을 했답니다.

==불가능해 보여도 꾸준히 노력하면 이루어질 수 있는 일이 있어요.== 큰 나무도 한 번에 넘어가지 않지만 작은 도끼로 여러 번 찍으면 결국 쓰러지는 것처럼 말이에요.

우리가 포기하고 싶은 일이 조금씩 노력하면 결국 이루어질 수 있는 일은 아닐지 생각해 볼까요?

창피 부끄럽거나 기분 나쁜 일을 당한 것을 말해요. 다른 사람 앞에서 실수를 하거나 부끄러운 일을 겪으면 얼굴이 빨개지거나 기분이 나빠질 수 있어요. 비슷한 말로 '부끄러움' '민망함' 같은 표현이 있어요. 또 '쪽팔림'이라는 말도 쓰지만, 이건 비속어라서 예의 바른 자리에서는 쓰지 않는 게 좋아요.
예) 발표를 잘못해서 창피를 당했지만, 다시 도전할 거야!

절망하다 희망을 완전히 잃고 크게 낙담하는 상태를 말해요. 일이 잘되지 않거나 어려운 상황에 있을 때, 더 이상 방법이 없다고 느낄 때 쓰는 말이에요. 반대말로는 '희망하다' '기대하다'가 있어요. 시험에 계속 떨어지면 절망할 수 있지만, 포기하지 않고 다시 도전하면 희망을 찾을 수 있어요.
예) 친구와 싸워 절망했지만, 시간이 지나 다시 화해했어.

처지 어떤 사람이 놓인 상황이나 상태를 말해요. 보통 힘들거나 어려운 상황을 설명할 때 자주 쓰는 단어예요. 예를 들어, 어떤 사람이 돈이 부족하거나 건강이 좋지 않으면, 그 사람의 처지가 어렵다고 할 수 있어요. 반대로 좋은 상황에 있는 사람의 처지는 편안하고 안정적일 수 있답니다.
예) 그는 가족을 책임져야 하는 어려운 처지에 놓였어요.

터무니없다 말이나 행동에 아무런 근거가 없고, 너무 엉뚱하거나 말이 안 된다는 말이에요. '터무니'는 기초나 바탕을 뜻하는데, 그것이 없다는 의미에서 나온 말이에요. 예를 들어, "나는 하루에 50시간을 공부할 거야."라고 하면, 하루는 24시간뿐이니까 말도 안 되는 이야기가 되지요. 이렇게 사실과 다르거나 너무 과장된 말이나 행동을 할 때 '터무니없다'라고 해요.

예) 그게 가능하다고? 그건 정말 터무니없는 소리야!

이 속담은 이럴 때!

'**열 번 찍어 안 넘어가는 나무 없다**'라는 속담은 어려운 일도 포기하지 않고 계속 노력하면 결국 이룰 수 있다는 뜻이에요. 그냥 반복하는 것뿐만 아니라 끈기와 노력이 중요하다는 걸 알려 줘요. 처음에는 어려워 보이는 문제도 여러 번 풀다 보면 결국 해결할 수 있잖아요. 이처럼 포기하지 않고 끝까지 도전하면 원하는 결과를 얻을 수 있다는 희망을 줄 때 쓰는 속담이에요.

> 포기하지 않고 계속 연습했더니 드디어 줄넘기를 100번 넘었어요. 역시 열 번 찍어 안 넘어가는 나무가 없네요.

> 수학 문제를 여러 번 풀다 보니 점점 쉽게 느껴졌어요. 이래서 열 번 찍어 안 넘어가는 나무 없다고 하나 봐요.

> 열 번 찍어 안 넘어가는 나무 없으니 한 번 실패했다고 포기하지 마.

티끌 모아 태산

작은 것도 꾸준히 모으면 아주 커질 수 있다.

* **티끌** 아주 작은 먼지.
* **태산** 매우 큰 산.

'티끌 모아 태산'이라는 속담의 유래가 불교 경전이라는 주장과 조선 시대 이항복의 이야기에서 나왔다는 주장이 있어요.

조선 광해군 때, 어린 이항복은 어느 날부터 마을 대장간에서 버려진 말의 편자(말발굽에 다는 쇠)를 주워 모았어요. 이를 본 어머니는 "지금은 쓸모없는 쇳조각이지만, 나중에 꼭 필요한 날이 올 것이다."라고 격려했답니다.

놀랍게도 오래지 않아 대장간 주인이 일을 게을리하는 바람에 새로운 쇠를 살 수 없는 처지에 놓이게 되었어요. 절망하는 대장간 주인을 본 이항복은 그동안 모아 둔 편자를 모두 가져다주었고, 덕분에 대장간은 다시 일어설 수 있었어요.

이 이야기는 쓸모없어 보이는 작은 쇳조각도 꾸준히 모으면, 큰 도움이 될 수 있다는 걸 보여 줘요.

이 지혜로운 아이 이항복은 '오성과 한음'으로 유명한 조선 중기의 선비 오성 이항복이에요. 그는 어릴 적부터 남다른 재능과 재치를 가지고 있었고, 많은 사람들을 도왔다고 해요.

이항복이 작은 말편자를 하나하나 모아 결국 대장간을 살릴 만큼의 많은 쇠를 모았듯이, 티끌처럼 작은 것도 꾸준히 모으다 보면 어느 순간 태산처럼 커다란 가치를 갖게 된다는 뜻이에요.

우리 친구들도 작은 물건이나 적은 용돈이라도 함부로 여기지 말고 잘 모아 두면, 티끌이 모여서 태산이 되듯 큰 가치를 지니게 된다는 걸 잊지 말아요!

유래 어떤 일이 처음 시작된 이유나 기원을 말해요. 일이 어떻게 시작되었는지, 그 배경과 원인을 뜻하지요. 예를 들어, "김치의 유래를 알고 싶어."라고 하면, 김치가 언제부터 어떻게 만들어지기 시작했는지 알고 싶다는 뜻이에요. '뿌리'와 비슷한 의미를 가지고 있어요.
예) 이 민속 행사의 유래는 신라 때로 거슬러 올라간다.

경전 종교나 철학의 중요한 교리나 가르침이 담긴 책을 말해요. 보통 뛰어난 지혜를 가진 사람 또는 종교 지도자가 지은 글이나 말씀이 기록되어 있어, 신앙이나 삶의 지침으로 삼을 수 있는 책이에요. "불교에서는 '금강경'을 중요한 경전으로 여겨요."라고 하면, '금강경'이 불교의 교리를 담은 중요한 책이라는 뜻이에요.
예) 유교 경전에 담긴 말씀을 잘 새겨야 한다.

대장간 쇠를 달구어 연장 따위를 만드는 일을 '대장일'이라고 해요. 이 일을 하는 사람을 '대장장이', 이런 일을 하는 장소가 '대장간'이에요. 쇠를 불에 달궈 부드럽게 만든 다음, 망치로 두드리고 다시 뭉치는 일을 반복해 여러 가지 도구를 만드는 곳이에요. 농사에 필요한 쟁기나 호미뿐만 아니라 전쟁에 쓰이는 칼과 창도 만들었기 때문에, 대장간은 아주 중요한 곳이었어요.
예) 대장간에서 쇠를 두드려 농기구를 만들고 있어요.

격려하다 다른 사람의 기운을 북돋아 주고, 힘이 나게 해 어려운 일을 해 낼 수 있도록 도와주는 것을 말해요. 예를 들어, 친구가 시험을 준비할 때 "넌 할 수 있어!"라고 말하면, 친구에게 힘을 주고 자신감을 심어 주는 격려가 돼요. 비슷한 말로 '응원하다'가 있어요.

예) 힘들어도 포기하지 말고 계속 해 보라고 친구를 격려했어요.

이 속담은 이럴 때!

'**티끌 모아 태산**'이라는 속담은 작은 것도 꾸준히 모으다 보면 아주 커질 수 있다는 뜻이에요. 먼지처럼 작은 '티끌'도 쌓이면 커다란 '태산'이 되는 것처럼, 처음에는 어려워 보이는 일도 포기하지 않고 계속하면 결국 이룰 수 있어요. 그래서 작은 일이라도 꾸준히 하는 것이 중요해요. 작은 노력도 쌓이면 큰 변화를 만들어 낼 수 있다는 것을 일깨워 줄 때 쓰는 속담이에요.

티끌 모아 태산이라고, 조금씩 저축해도 꾸준히 모으면 나중에는 큰돈이 될 거야.

날마다 10분씩 연습했더니 피아노 실력이 많이 늘었어. 역시 **티끌 모아 태산**이야!

작은 노력도 쌓이면 **티끌 모아 태산**처럼 나중에는 큰 결과를 만들 수 있어.

제 살 버릇 여든까지 가고 콩 심은 데 콩 나고 팥 심은 데 팥 난다 하니, 개구리 올챙이 적 감나무 밑에 누워서 연시 떨어지기를 바라지 않겠어요. 될성부른 나무

세 살 버릇 여든까지 간다

어려서 생긴 버릇은 쉽게 고쳐지지 않는다.

* **버릇** 오랫동안 자꾸 반복하여 몸에 익어 버린 행동.
* **여든** 팔십.

 세 살 때부터 손가락을 빠는 버릇을 가진 아이가 있었어요. 부모는 아직 아기니까 괜찮다고 생각해 크게 나무라지 않았고, 아이는 불안하거나 긴장할 때마다 손가락을 빨았어요. 하지만 아이는 자라면서도 버릇을 고치지 않아 부모가 점점 걱정하기 시작했어요.

부모는 손가락을 입에 넣지 말라고 타일렀지만, 아이는 화를 내며 싫다고 떼를 썼어요. 시간이 지나 아이는 어른이 되고 할아버지가 되었지만, 여전히 손가락 빠는 버릇을 고치지 못했어요. 그동안 크고 작은 병에 시달리며 허약하게 자랐고, 값비싼 영양제를 먹고 운동을 해도 별 소용이 없었어요.

어느 날, 할아버지는 용하다는 의사를 찾아갔어요.

"할아버지 건강이 나쁜 이유는 손을 빠는 버릇 때문입니다. 손에 있는 세균이 몸에 들어가서 어릴 적부터 지금까지 계속 병약하셨던 거예요. 자, 거울을 보세요."

할아버지는 거울을 보고 깜짝 놀랐어요. 거울 속에는 여전히 아기처럼 손가락을 빨고 있는 자신의 모습이 보였지요.

이처럼 어릴 적 버릇이나 습관은 나이가 들어도 쉽게 고쳐지지 않아요. 그래서 '세 살 버릇 여든까지 간다'라는 속담이 생긴 거죠.

우리는 살면서 참 많은 행동을 해요. 잠자기 전에 이를 닦는 습관, 일기를 쓰는 습관, 밥 먹을 때 다리를 흔드는 버릇 등 좋고 나쁜 습관들이 많지요. 나쁜 버릇은 빨리 고치고, 좋은 습관은 계속 유지하는 게 중요해요.

문해력 쑥쑥 낱말 공부

나무라다 누군가의 잘못이나 실수를 지적하며 꾸짖는 것을 말해요. 실수를 고쳐 주거나 바르게 하기 위해 충고하는 일이지요. 부드럽게 나무라면 상대방이 잘못을 깨닫고 고칠 수 있지만, 너무 심하게 하면 오히려 반발할 수도 있어요. 너무 심하게 나무라면 듣는 사람의 기분이 상할 수도 있으니 조심해야 해요.
예) 엄마가 숙제를 안 한 나를 나무라셨어.

긴장하다 마음이 불안하고 조마조마해지는 것을 말해요. 중요한 시험을 보거나 발표를 할 때, 잘해야 한다는 생각 때문에 긴장할 수 있어요. 너무 긴장하면 실수를 할 수도 있지만, 적당한 긴장은 집중력을 높이는 데 도움이 되기도 해요.
예) 처음 무대에 서는 거라서 많이 긴장했어.

허약하다 '허(虛)'는 비었다는 뜻이고, '약(弱)'은 약하다는 뜻이에요. 그러니까 '허약하다'는 몸이나 마음이 약하고 힘이 없는 상태를 말해요. 예를 들어, 감기에 자주 걸리고 쉽게 피곤해진다면, 몸이 허약한 상태라고 할 수 있어요. 규칙적으로 운동하고 건강한 음식을 먹으면 허약한 몸을 튼튼하게 만들 수 있답니다.
예) 오랫동안 아팠더니 몸이 허약해졌어.

병약하다 '병(病)'은 병을 뜻하고, '약(弱)'은 약하다는 뜻이에요. 그러니까 '병약하다'는 자주 아프고 몸이 약한 상태를 말해요. 주로 건강이 좋지 않아 쉽게 피로해지거나 병을 앓는 사람을 가리킬 때 사용해요. 몸이 병약하면 규칙적인 생활과 건강한 식습관이 중요하답니다. '허약하다'와 비슷한 말이에요.

예) 동생은 몸이 병약해서 감기에 쉽게 걸려.

이 속담은 이럴 때!

'**세 살 버릇 여든까지 간다**'라는 속담은 어려서 생긴 버릇은 쉽게 고쳐지지 않는다는 뜻이에요. 사소한 버릇도 계속되면 평생 나쁜 영향을 줄 수 있어요. 특히 거짓말, 욕, 폭력처럼 남에게 피해를 주는 나쁜 버릇은 처음부터 조심해야 해요. 이 속담은 어린 시절의 습관이 평생 이어질 수 있다는 점을 강조하며, 좋은 습관을 기르는 것이 중요하다는 것을 알려 줄 때 사수 사용해요.

> 어릴 때 깨끗이 정리하는 습관을 들여야 해.
> **세 살 버릇 여든까지 간다**잖아!

> 어릴 때 손톱을 물어뜯더니 아직도 그러네.
> **세 살 버릇 여든까지 간다**더니.

> **세 살 버릇 여든까지 간다**고, 좋은 습관을 들이는 게 정말 중요해.

콩 심은 데 콩 나고 팥 심은 데 팥 난다

어떤 일이든 그 원인에 따라 알맞은 결과가 나온다.

'콩 심은 데 콩 나고 팥 심은 데 팥 난다'는 너무나 **당연한** 말인데, 왜 속담이 되었을까요? 땅에 어떤 씨앗을 심느냐에 따라 **수확할** 작물이 결정되지만, 살다 보면 콩을 심고 팥이 나길 바란다거나 팥을 심고 콩이 나길 바랄 때도 있기 때문이에요.

한 농부가 팥죽을 먹고 싶었지만 팥이 없었어요. 대신 비슷하게 생긴 콩을 심으며 '내가 정성을 다하면 팥이 열릴지도 몰라!'라고 기대하며 밭에 물을 주고 잡풀을 뽑아 줬어요. 하지만 아무리 정성을 들여도 그 밭에서는 팥이 아니라 콩이 주렁주렁 열렸겠지요.

이 이야기가 우습게 들릴 수도 있지만, 우리도 **종종** 이런 실수를 해요. 음악가가 되고 싶다면서 노래 연습을 하지 않고 운동만 한다면 과연 음악가가 될 수 있을까요? 또는 검은색 머리카락을 가진 부모에게서 금발 머리와 파란 눈을 가진 아이가 태어날 수 있을까요? 이런 상황을 비유할 때 '콩 심은 데 콩 나고 팥 심은 데 팥 난다'라는 속담을 쓰는 거예요.

서양 **철학자** 웨인 다이어는 '오렌지를 쥐어짜면 오렌지 주스가 나온다'라고 말했어요. 오렌지를 짜서 포도 주스가 나올 수 없듯이, 사람에게서 나오는 결과도 그 사람이 무엇을 했느냐에 따라 결정된다는 뜻이에요.

그렇다면 우리는 그동안 어떤 씨앗을 심어 왔을까요? 콩을 심고 팥이 열리길 바라기보다는, 콩이 튼튼하게 자라도록 정성껏 가꾸는 사람이 되어야겠어요.

당연하다 어떤 일이 일어난 이유를 생각해 보면, 꼭 그렇게 되는 것이 맞다는 뜻이에요. 예를 들어, "열심히 공부하면 실력이 느는 것은 당연해."라고 하면, 공부를 많이 하면 실력이 좋아지는 것이 자연스럽다는 뜻이에요. 또 "비가 오면 땅이 젖는 것은 당연해."라고 하면, 비가 오면 땅이 젖는 것이 그냥 그렇게 되는 일이라는 뜻이에요. 즉 앞뒤 상황을 생각했을 때 그 일이 자연스럽게 그렇게 되는 경우에 쓰는 말이에요.
예) 매일 연습했으니까 실력이 느는 건 당연한 거야.

수확하다 익은 곡식이나 과일을 거두어들이는 일을 말해요. 농부들은 가을이 되면 논에서 벼를 베고, 과수원에서 과일을 따 수확을 해요. 땀 흘려 키운 농작물을 거두는 아주 중요한 과정이에요. 예를 들어, "농부들이 가을이 되어 벼를 수확했어."라고 하면, 논에서 익은 벼를 거두어들이는 모습을 떠올릴 수 있어요.
예) 할머니는 텃밭에서 정성껏 키운 배추를 수확하셨어.

종종 어떤 일이 가끔 일어나는 것을 말해요. 자주는 아니지만 때때로 반복될 때 사용해요. 규칙적이지는 않지만 일정한 간격으로 일어날 수도 있어요. 예를 들어, "나는 방과 후에 친구와 종종 도서관에 가."라고 하면, 가끔 도서관에 가는 모습을 떠올릴 수 있어요. 비슷한 말로 '가끔'이 있어요.
예) 나는 주말에 종종 동네 공원을 산책해.

철학자 세상과 삶에 대해 깊이 생각하고 연구하는 사람을 말해요. 무엇이 옳고 그른지, 어떻게 살아야 하는지 같은 문제를 탐구해요. "소크라테스는 유명한 철학자로, 사람들에게 깊은 질문을 던지며 생각하게 했어."라고 하면, 철학자가 깊이 사고하는 사람이라는 것을 알 수 있어요.

예) 플라톤은 철학자로서 많은 제자를 가르쳤어.

이 속담은 이럴 때!

'**콩 심은 데 콩 나고 팥 심은 데 팥 난다**'라는 이 속담은 콩을 심으면 콩이 자라고 팥을 심으면 팥이 자라듯이, 어떤 행동을 하면 그에 알맞은 결과가 나온다는 뜻이에요. 사람의 노력과 태도가 결과로 이어진다는 것을 알려 주죠. 열심히 노력하면 좋은 결과를 얻을 수 있고, 반대로 잘못된 행동을 하면 나쁜 결과가 따라온다는 것을 가르쳐 주고 싶을 때 자주 사용해요.

> 형은 게임만 하더니 시험 점수가 안 좋네. 콩 심은 데 콩 나고 팥 심은 데 팥 난다더니 당연한 결과지!

> 콩 심은 데 콩 나고 팥 심은 데 팥 난다처럼, 노력한 만큼 분명히 좋은 결과가 있을 거야.

> 콩 심은 데 콩 나고 팥 심은 데 팥 난다고 하잖아. 게으르게 공부하면 결국 좋은 성적을 얻지 못할 거야.

개구리 올챙이 적 생각 못 한다

성공하거나 형편이 나아지면 예전의 어려웠던 때를 잊는다.

＊ 적 어떤 일이 일어나고 있거나 이미 지나간 때.

연못에 높이뛰기를 잘하는 개구리가 살았어요. 마치 연못이 자기 것인 **양** 시끄럽게 뛰어다니며 튼튼한 다리를 자랑했어요. **거만하기** 짝이 없었지요. 지나가던 소금쟁이에게는 "네 다리는 가늘고 쓸모가 없구나. 나처럼 높이 뛸 수도 없지?"라며 놀렸어요. 풀잎 위에서 쉬고 있는 달팽이에게도 "넌 다리를 어디다 숨겨 놓은 거야? 나처럼 길고 힘 있는 다리를 갖고 싶지?"라고 말하며 보란 듯이 팔짝팔짝 뛰어다녔어요. 연못 친구들 모두 개구리를 싫어했지만, 개구리가 너무 높이 뛰어다녀서 아무도 뭐라 하지 못했어요.

어느 날, 개구리는 앞다리가 작게 생겨난 어린 올챙이를 만났어요. 개구리는 올챙이의 모습이 우스꽝스럽다며 웃음을 터트렸어요.

"야! 너 진짜 웃기게 생겼다. 꼬리로 헤엄치면서 왜 쓸데없이 다리가 달린 거냐?"

그 말을 듣고 연못 친구들도 따라 웃었어요. 하지만 올챙이는 창피해하지 않고 웃으며 말했어요.

"기억이 안 나나 봐? 얼마 전만 해도 너도 나와 똑같이 생겼었어. 아무리 생김새가 바뀌었다고 해도 자기 예전 모습을 잊어버리면 안 되지!"

그 말을 듣자 개구리는 얼굴이 빨개졌어요. 그 후로는 예전처럼 시끄럽게 뛰어다니지 않았다고 해요.

개구리가 자신의 올챙이 적 모습을 기억하지 못한 것처럼, 사람도 **지위**가 높아지고 형편이 나아졌다고 해서 **교만해지지** 말고 첫 마음을 잊지 말라는 뜻에서 이 속담이 생긴 거예요.

양 어떤 모습이나 행동을 하는 것처럼 보이는 것을 뜻해요. 진짜 그런지 확실하지 않지만, 겉으로 보기에는 그렇게 보일 때 쓰는 말이에요. "동생이 모든 걸 아는 양 고개를 끄덕였지만, 사실은 잘 몰랐어."라고 하면, 동생이 이해한 척했다는 뜻이에요. 그러므로 아는 것처럼 행동하기보다 솔직하게 표현하는 것이 더 좋은 태도예요.
예) 그는 아무렇지 않은 양 웃었지만, 사실은 속상해 보였어.

거만하다 스스로 잘났다고 생각하며 남을 무시하는 태도를 말해요. 말이나 행동에서 자신이 높다고 여기는 모습이 드러날 때 거만하다고 해요. 예를 들어, "친구가 작은 일로 이겼다고 거만하게 굴어서 기분이 나빴어."라고 하면, 친구가 잘난 척하며 행동한 상황을 떠올릴 수 있어요.
예) 그는 거만한 태도로 친구들을 대했어!

지위 어떤 사람이 단체나 사회에서 맡고 있는 자리나 위치를 뜻해요. 지위가 높을수록 더 많은 책임을 져야 할 때가 많아요. 학교에서는 선생님과 학생의 지위가 다르고, 회사에서도 사람들마다 맡은 지위가 달라요. 또한 친구들끼리 모인 그룹에서도 역할에 따라 지위를 나눌 수 있어요.
예) 회장은 학교에서 중요한 지위를 맡고 있어.

교만하다   자신이 잘났다고 여기며 남을 얕보거나 건방지게 행동하는 것을 말해요. 스스로를 지나치게 높이 평가하면 남에게 좋은 인상을 주기 어렵지요. '거만하다'와 비슷하지만, 교만은 주로 자신을 지나치게 믿고 우쭐해하는 마음을 뜻하고, 거만은 다른 사람을 무시하는 태도에 더 가까워요.
예) 그 친구는 상을 받고 나더니 너무 교만해졌어.

이 속담은 이럴 때!

'**개구리 올챙이 적 생각 못 한다**'라는 속담은 성공하거나 형편이 나아진 사람이 예전의 어려웠던 때를 잊고 잘난 체하는 것을 비꼬는 말이에요. 개구리도 처음에는 올챙이였던 것처럼, 누구에게나 미숙하고 어려운 시절이 있었음을 잊지 말아야 해요. 그래서 과거를 잊지 않고 남을 공감하고 돕는 태도가 필요하다는 것을 설명할 때 자주 사용돼요.

예전에 너도 글씨 엉망이라고 놀림받았으면서 내 글씨 보고 뭐라고 하다니, 개구리 올챙이 적 생각 못 하네!

너도 처음엔 구구단 못 외웠으면서, 이제 나한테 빨리 외우라고 하네? 개구리 올챙이 적 생각 못 한다더라!

개구리 올챙이 적 생각 못 한다더니, 너도 처음엔 젓가락질이 서툴렀으면서 나한테 뭐라고 하네!

감나무 밑에 누워서 연시 떨어지기를 바란다

노력하지 않고 가만히 있으면서 좋은 결과만 기대한다.

* **연시** 물렁하게 잘 익은 감. 홍시.

 잘 익은 연시를 먹으려면 감나무에 올라가 직접 따야 해요. 그런데 만약 감나무에 오를 자신이 없다면 어떻게 해야 할까요? 잘 익은 감이 떨어질 만한 곳을 찾아 그 아래에 입을 벌리고 누워 있으면 어떨까요?

감나무 밑에 누워서 입을 벌린다고 연시가 저절로 입에 쏙 들어올까요? 운이 좋아 연시를 먹게 된다고 해 봐요. 하지만 한참 기다려 입안으로 저절로 떨어진 연시는 과연 어떤 상태일까요? 나무에서 저절로 떨어진 연시는 너무 익어서 가지에 더 이상 붙어 있을 여력이 없어진 거예요. 그러니 터지거나 상했을 가능성이 크겠죠.

이 속담은 감나무 밑에서 연시가 저절로 떨어지길 마냥 기다리는 것처럼, 아무런 수고도 없이 좋은 결과를 바라는 어리석은 행동을 나무라는 뜻을 담고 있어요. 감나무 밑에 누워 연시를 기다리는 일이 우습게 보이지만, 우리는 알게 모르게 이런 행동을 할 때가 많아요. 열심히 공부하지 않으면서 성적이 오르길 바라거나, 부모님 말씀을 잘 듣지 않고 사이가 좋길 기대하는 것처럼요. 노력 없이 좋은 결과를 바라는 행동은 감나무 밑에서 연시를 기다리는 것과 다를 바 없어요.

노력 없이 이루어지는 일은 없어요. 혹시 운으로 얻은 행운이 있다 해도, 오래가지 않아요. 우리는 감나무 밑에 누워 기다리는 사람이 아니라, 직접 나무에 올라 연시를 따는 사람이 되어야 해요.

자신 어떤 일을 해낼 수 있다는 믿음을 가지고 스스로를 굳게 믿는 것을 말해요. '자(自)'는 자기 자신, '신(信)'은 믿음을 뜻하지요. 자신이 가진 능력을 믿고 확신하는 마음이에요. "그는 어려운 일도 결국 해낼 수 있다는 자신이 있었어요."라고 하면, 그 사람이 스스로 할 수 있다고 믿었다는 뜻이에요.
예) 나는 그 일을 잘 해낼 자신이 생겼다.

과연 어떤 일이 실제로 어떻게 될지 궁금해할 때 쓰는 말이에요. 일이 어떻게 될지 확신이 있을 때 사용하고, 그 결과가 진짜로 그렇게 되는지를 기대하는 느낌을 담고 있어요. "과연, 그는 성공할 수 있을까요?"라고 하면, 그 사람이 성공할지에 대해 궁금해하는 상황을 나타내는 거예요.
예) 과연 이 일은 앞으로 어떻게 될 것인가?

여력 한자로 '여(餘)'는 남은 것, '력(力)'은 힘을 뜻해요. 그래서 '여력'은 어떤 일에 힘을 쏟고 난 뒤에도 아직 남아 있는 힘을 말해요. 예를 들어, "많이 일했더니 더 일할 여력이 없어요."라고 하면, 힘을 다 써서 더는 일할 수 없다는 뜻이에요. 여력은 몸의 힘뿐만 아니라 시간이나 돈의 상태를 표현하는 경우에도 사용할 수 있어요.
예) 운동장을 몇 바퀴 돌고도 여력이 있어서 더 달릴 수 있었어.

수고 어떤 일을 하느라 애쓰거나 고생하는 것을 뜻해요. 누군가가 노력했을 때 고마움을 표현할 때도 써요. 예를 들어, 친구가 숙제를 도와줬다면 "수고했어!"라고 말하며 감사의 뜻을 전할 수 있어요. 또 "제가 괜히 수고를 끼친 건 아닌지 걱정돼요."라고 하면, 상대방이 나 때문에 힘들었을까 봐 미안한 마음을 전하는 거예요.

예) 숙제를 다 끝내다니, 정말 수고가 많았어!

이 속담은 이럴 때!

'**감나무 밑에 누워서 연시 떨어지기를 바란다**'라는 속담은 아무 노력도 하지 않으면서 좋은 결과만 바라는 것을 뜻해요. 원하는 것을 이루려면 노력을 해야지, 가만히 있으면 아무것도 얻을 수 없어요. 그래서 이 속담은 감나무 아래 누워 감이 저절로 입에 들어오길 바라는 것처럼, 행운만 기대하는 사람을 비꼴 때 써요.

> 공부도 안 하는데 어떻게 시험을 잘 보니? 감나무 밑에 누워서 연시 떨어지길 바라는 거니?

> 운동도 안 하면서 달리기 1등을 하고 싶다고? 그건 감나무 밑에 누워서 연시 떨어지기만 기다리는 거랑 똑같아!

> 감나무 밑에 누워서 연시 떨어지길 바라니? 숙제도 안 하고 칭찬받고 싶다니, 세상은 그렇게 만만하지 않아.

될성부른 나무 떡잎부터 알아본다

크게 될 사람은 어릴 때부터 남다르다.

* **될성부르다** 잘될 기운이 보이다.
* **떡잎** 씨앗에서 처음 나오는 잎.

 해마다 봄이 되면 새싹들이 피어나는 걸 볼 수 있어요. 새싹이 **움트면서** 나오는 첫 번째 잎을 '떡잎'이라고 해요. 떡잎은 싹이 나기도 전에 먼저 볼 수 있답니다. 그런데 떡잎만 보고 그 나무가 크게 자랄지, 어떨지 알 수 있을까요?

　떡잎은 크게 외떡잎과 쌍떡잎으로 나뉘어요. 외떡잎은 자라면 대나무 잎처럼 결이 없고, 쌍떡잎은 깻잎처럼 잎맥이 그물처럼 얽힌 그물맥 식물로 자라요. 떡잎을 보고 외떡잎식물과 쌍떡잎식물을 구분하듯이 '될성부른 나무는 떡잎부터 안다'라는 속담은 시들시들하고 **빈약한** 떡잎보다는 **윤기** 나고 빛깔 좋은 떡잎이 더 튼튼한 나무로 자랄 확률이 높다는 의미를 담고 있지요.

　아이들이 자라는 것을 새싹이나 나무처럼 생각해 보면 어때요? 위인전을 많이 읽어 봤지요? 위인전을 보면 공통적으로 알 수 있는 게 있어요. 대부분 어릴 때부터 남다른 모습을 보였다는 거예요. **시련**을 이겨 내는 모험심과 용기를 가졌거나, 어른들도 깜짝 놀랄 지혜를 보여 주기도 하지요. ==나무의 떡잎이 어떤지에 따라 그 나무의 미래가 달라지듯이, 어린이들도 지금의 모습이나 태도가 미래에 큰 영향을 준답니다.==

　지금도 늦지 않았어요! 바른 생각과 좋은 습관을 기르며 노력한다면, 여러분도 훌륭한 나무로 자랄 수 있을 거예요. 스스로 될성부른 떡잎임을 잊지 말고, 하루하루 최선을 다해 보아요.

문해력 쑥쑥 낱말 공부

움트다 무언가가 자라거나 나타나기 시작하는 것을 뜻해요. '움'은 풀이나 나무에서 새로 돋아나는 싹을 말하고, '트다'는 싹이나 순이 벌어지는 것을 뜻하지요. 그래서 식물이 땅에서 새싹을 틔울 때, 또는 어떤 감정이나 생각이 조금씩 생기기 시작할 때 '움트다'라는 말을 써요.
예) 꽃밭에 새싹이 움트기 시작했어요!

빈약하다 어떤 것이 부족하고 약해서 보잘것없다는 뜻이에요. 물건이나 몸이 약할 때, 또는 내용이 알차지 못할 때 써요. "이 책은 내용이 빈약해서 재미없었어."라고 하면, 책에 재미있는 이야기나 알찬 정보가 부족하다는 뜻이에요. 비슷한 말로는 '초라하다' '부족하다' 등이 있고, 반대말로는 '풍부하다' '알차다'가 있어요.
예) 굵은 팔에 비해 다리는 황새처럼 빈약하다.

윤기 물건이나 사람이 반짝반짝하고 매끄럽게 빛나는 상태를 말해요. 주로 얼굴이나 물건이 반질반질하고 빛이 날 때 쓰여요. 예를 들어, 크림을 발라 얼굴이 반짝이면, "윤기가 나네!"라고 할 수 있어요. 윤기가 나면 깨끗하고 멋져 보이기도 해요.
예) 머리카락에 윤기가 흘렀다.

시련　어려운 상황이나 힘든 일을 겪는 것을 뜻해요. 사람들이 살아가면서 겪는 어려움이나 고난을 말하지요. 예를 들어, 공부가 어려워서 힘들 때나 운동을 하면서 포기하고 싶을 때 "시련을 겪고 있어." "시련이 찾아왔어."라고 말해요. 하지만 시련을 잘 이겨 내면 더 강해지고 성장할 수 있어요.

예) 그는 시련을 이겨 내고 훌륭한 사람이 되었어!

이 속담은 이럴 때!

'**될성부른 나무 떡잎부터 알아본다**'라는 속담은 크게 자랄 나무는 떡잎부터 다르듯이, 사람도 어릴 때 모습이 미래를 예측하는 단서가 된다는 뜻이에요. 예를 들어, 책을 좋아하고 이야기를 잘 만들어 쓰는 아이는 나중에 작가가 될 수도 있어요. 이 속담은 아이의 재능과 가능성을 중요하게 여기며, 주변에서 이를 알아보고 도와주는 것이 필요하다는 의미로 쓰여요.

지수는 그림 그리기를 무척 좋아했어요. 부모님은 **될성부른 나무 떡잎부터 알아본다**며 지수를 응원해 주었어요.

될성부른 나무 떡잎부터 알아본다고 로봇 박사님은 어릴 때부터 기계를 다루는 걸 좋아했대.

될성부른 나무 떡잎부터 알아보는 법이지. 선우는 어려운 문제를 끝까지 풀어내는 끈기가 있어.

제비는 작아도 강남 간다

크기는 작아도 해야 할 일을 다 해낸다.

* **제비**   몸이 가늘고 날개가 긴 작고 날쌘 새.
  우리나라에는 봄에 나타나고, 겨울에는 따뜻한 나라로 떠난다.
* **강남**   중국 양쯔강의 남쪽에 있는 따뜻한 곳을 이르는 말.

옛날에는 한 해의 운수가 좋을지 나쁠지를 미리 알아볼 때 제비집이 **처마**나 **추녀**의 안쪽에 있는지, 바깥쪽에 있는지로 판단했대요. 안쪽에 있으면 그 집은 잘되고, 바깥쪽에 있으면 흉한 일이 생긴다고 믿었어요. 만약 제비가 방 안에 둥지를 틀면 큰 복이 온다고 생각했지요. 그래서 새끼를 낳고 키우며 강남으로 돌아갈 때까지 제비는 아주 귀한 **대우**를 받았다고 해요. 그만큼 제비가 우리 민족에게 사랑받아 온 새라는 걸 알 수 있어요.

사람들은 때가 되면 따뜻한 남쪽 나라로 날아갔다가 봄이 되면 다시 돌아오는 작은 제비를 신기하게 여겼나 봐요. 많은 이야기에서 제비가 주인공으로 등장하는 걸 보면 말이에요. 흥부와 놀부 이야기에서도 다친 다리를 고쳐 준 착한 흥부에게 강남 갔던 제비가 신기한 박씨를 물어다 주어 은혜를 갚았지요.

제비는 날씨에 따라 이동하는 철새예요. 제비가 강남으로 간다는 것은 겨울이 되어 추워진 우리나라를 떠나 중국 양쯔강 남쪽의 따뜻한 지역으로 간다는 뜻이에요.

그 작은 몸으로 먼 길을 날아가는 제비를 두고 '제비는 작아도 강남 간다'라는 속담이 생겼어요. ==작아도 제 할 일은 다 해낸다는 뜻이지요.== 여러분 주위에도 다른 아이들보다 몸집은 작지만 자기 일을 척척 해내는 친구가 있지요? 그런 친구들이 바로 제비처럼 **야무진** 친구예요. 이런 친구들을 작다고 무시하거나 놀리면 안 되겠죠?

문해력 쑥쑥 낱말 공부

처마 지붕의 끝부분을 말해요. 비가 오거나 눈이 내릴 때, 처마가 있어 집 안으로 들어오는 것을 막아 줘요. 밖에서 보면 집의 가장자리를 덮고 있는 부분이에요. 비 오는 날 처마 아래에 서면 비를 피할 수 있고, 여름에는 햇빛을 가려 주며 겨울에는 눈이 쌓이는 것을 막아 줘요. 또한 바람이 직접 들이치지 않도록 해 주어 집 안을 더욱 아늑하게 만들어 줘요.
예) 처마 끝에 달린 풍경이 바람에 흔들리며 소리를 낸다.

추녀 지붕에서 처마가 끝나는 부분을 말해요. 추녀는 지붕이 아래로 내려오는 부분 중에서 끝이 살짝 위로 올라간 부분이에요. 보통 추녀가 집의 네 귀퉁이에 자리하고 있어서, 지붕이 더 튼튼하고 멋지게 보여요. 비나 눈이 내릴 때 물이 잘 빠지게 도와주는 역할도 해요.
예) 집의 추녀가 높고 멋지게 들려 있었어요.

대우 다른 사람을 존중하고 예의를 갖추어 대하는 것을 말해요. 상대방을 잘 대해 주고, 그 사람의 가치를 인정하는 태도입니다. 예를 들어, 나보다 나이가 많은 사람이나 선생님에게는 예의 있게 행동하는 것이 대우하는 행동이에요. 친구에게 고마움을 전하거나 도움을 받았을 때 감사의 말을 하는 것도 대우하는 방법이에요.
예) 친구에게 고마워서 따뜻하게 대우를 했어요.

야무지다 사람의 성격이나 행동이 단단하고 빈틈없이 꼼꼼한 것을 말해요. 일을 확실하게 처리하고, 실수 없이 해내는 모습을 나타낼 때 사용해요. 예를 들어, "내 친구는 항상 준비물을 야무지게 챙겨."라고 하면, 친구가 꼼꼼하고 실수 없이 준비하는 모습을 떠올릴 수 있어요.

예) 동생은 야무지게 장난감을 정리했어요!

이 속담은 이럴 때!

'**제비는 작아도 강남 간다**'라는 속담은 몸집이 작아도 해야 할 일은 다 해낸다는 뜻이에요. 작은 제비도 먼 강남까지 날아가는 것처럼, 비록 힘이 약하고 조건이 부족해 보여도 맡은 일을 끝까지 해낼 수 있음을 비유하는 말이에요. 그래서 겉으로는 부족해 보여도 노력하면 충분히 좋은 결과를 얻을 수 있음을 설명할 때 자주 사용하는 속담이에요.

> 걱정 마. 제비는 작아도 강남 간다고, 네 동생이 비록 어리지만 혼자 올 수 있어.

> 제비는 작아도 강남 간다고 그 작은 키로 달리기 1등만 하는 지애는 참 대단해.

> 몸집이 작다고 걱정하지 마! 실력이 중요해. 제비는 작아도 강남 간다잖아.

✦ 속담 마지막 걸음 ✦

이제까지 익힌 속담들을 잘 기억하고 있을까요? 재미있는 문제를 풀며 속담을 다시 한번 떠올려 봐요! 정답을 맞히다 보면 어느새 속담의 뜻과 활용법이 저절로 익숙해질 거예요. 마지막 걸음까지 힘차게 걸어가 볼까요?

❶ **말에 관한 속담들이에요. 속담에 맞는 풀이를 제대로 이어 보세요.**

가는 말이 고와야 오는 말도 곱다. •	• 말만 잘해도 어려운 일이나 큰 문제를 해결할 수 있다.
발 없는 말이 천 리 간다. •	• 아무도 없다고 생각해도 누군가 들을 수 있으니, 언제 어디서나 말조심해야 한다.
낮말은 새가 듣고 밤말은 쥐가 듣는다. •	• 말은 금세 멀리 퍼지므로, 말을 함부로 하지 말고 조심해야 한다.
말 한마디에 천 냥 빚을 갚는다. •	• 내가 남에게 예쁘게 말하고 행동해야, 남도 나에게 좋은 말과 행동을 한다.

❷ 동물이 나오는 속담이에요. 알맞은 동물을 찾아서 채우세요.

> 제비 / 개 / 개구리 / 올챙이 / 소

똥 묻은 ~~~~~~ 가 겨 묻은 ~~~~~~ 나무란다.

~~~~~~ ~~~~~~ 적 생각 못 한다.

~~~~~~ 는 작아도 강남 간다.

~~~~~~ 잃고 외양간 고친다.

❸ 이어질 내용을 보기에서 찾아 속담을 완성하세요.

> — 보기 —
> 모른다 / 맵다 / 알아본다 / 간다

작은 고추가 ~~~~~~.   될성부른 나무 떡잎부터 ~~~~~~.

세 살 버릇 여든까지 ~~~~~~.   낫 놓고 기역 자도 ~~~~~~.

❹ 빈칸에 알맞은 속담을 보기에서 골라 넣어 보세요.

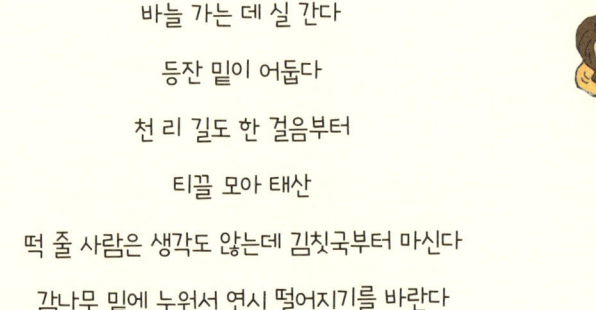

보기

바늘 가는 데 실 간다

등잔 밑이 어둡다

천 리 길도 한 걸음부터

티끌 모아 태산

떡 줄 사람은 생각도 않는데 김칫국부터 마신다

감나무 밑에 누워서 연시 떨어지기를 바란다

돌다리도 두들겨 보고 건너라

_____ 라는 속담처럼, 한 장씩 읽다 보면 책 한 권을 다 읽게 될 거야.

_____ 라는 속담처럼, 확실하지 않은 일에 미리 기대하면 실망할 수도 있어!

_____ 라는 속담처럼, 잘 아는 문제도 정답을 쓴 다음 다시 확인해 봐.

_____ 라는 속담처럼, 작은 노력도 쌓이면 나중에는 큰 결과를 만들 수 있어.

공부도 안 하는데 어떻게 시험을 잘 보니? _____
라는 속담이 생각나는군.

책을 바로 앞에 두고도 찾지 못하다니, _____
라는 속담이 딱 맞아!

지수와 민호는 늘 함께 다녀서 친구들이 _____
라고 말할 정도야.

❺ **속담을 잘 살펴보고 틀린 부분을 고쳐 보세요.**

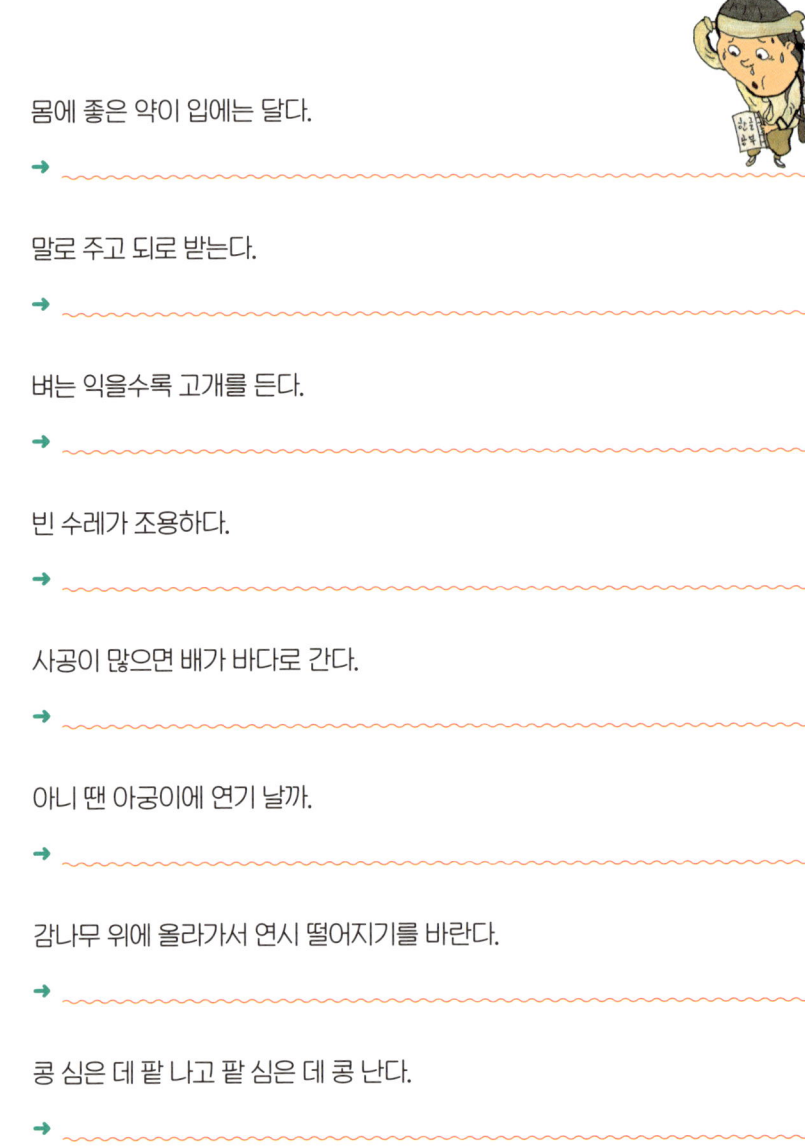

몸에 좋은 약이 입에는 달다.
➔ _____

말로 주고 되로 받는다.
➔ _____

벼는 익을수록 고개를 든다.
➔ _____

빈 수레가 조용하다.
➔ _____

사공이 많으면 배가 바다로 간다.
➔ _____

아니 땐 아궁이에 연기 날까.
➔ _____

감나무 위에 올라가서 연시 떨어지기를 바란다.
➔ _____

콩 심은 데 팥 나고 팥 심은 데 콩 난다.
➔ _____

❻ 일을 해내는 태도에 관한 속담들이에요. 의미를 살펴보고 초성을 보고, 속담을 완성해 보세요.

▶ 어려운 일도 포기하지 않고 계속 노력하면 결국 이룰 수 있다.
ㅇ ㅂ ㅉㅇ ㅇ ㄴㅇㄱ ㄴㅁ ㅇㄷ
→ _____

▶ 정성을 다한 일은 쉽게 무너지지 않고 좋은 결과를 가져온다.
ㄱㄷ ㅌㅇ ㅁㄴㅈㄹ
→ _____

▶ 어떤 일이든 정성을 다하면 결국 좋은 결과를 얻을 수 있다.
ㅈㅅㅇㅁ ㄱㅊㅇㄷ
→ _____

▶ 아무리 쉬운 일이라도 힘을 합치면 더 쉽게 할 수 있다.
ㅂㅈㅈㄷ ㅁㄷㅇ ㄴㄷ
→ _____

▶ 아무리 큰일이라도 처음부터 차근차근 시작해야 이루어진다.
ㅊ ㄹ ㄱㄷ ㅎ ㄱㅇㅂㅌ
→ _____

✦ 속담 보따리 ✦

아직 소개하지 않은 속담들이 더 많아요! 속담 보따리를 열어 보면 새롭고 재미있는 속담들이 가득하답니다. 뜻을 알면 어떻게 활용할지 더욱 쉽게 떠올릴 수 있어요. 우리 함께 다양한 속담을 알아볼까요?

가는 날이 장날
뜻밖의 일이 우연히 잘 들어맞는다.

가재는 게 편이다
가재도 게와 모양이 비슷하기 때문에 게 편을 든다는 말이니 서로 관련이 있는 것끼리 한편이 된다는 뜻.

같은 값이면 다홍치마
이왕 가격이 같다면 더 좋은 물건을 선택한다.

개밥에 도토리
개는 도토리를 먹지 않기 때문에 밥 속에 있어도 먹지 않고 남긴다는 뜻으로 따돌림을 받아 외톨이가 된 사람을 비유적으로 이르는 말.

개똥도 약에 쓰려면 없다
평소에 흔하고 하찮게 여겼던 것도 쓸데가 생겨서 막상 구하려면 없다.

개천에서 용난다
작은 개천에서 커다란 용이 나오듯 어려운 환경 속에서도 큰 인물이 나왔을 때 쓰는 말.

고래 싸움에 새우 등 터진다
힘 센 사람들이 서로 싸우는데 아무 관계없는 약한 사람이 사이에 끼어 피해만 본다.

까마귀 날자 배 떨어진다
아무런 상관없이 한 일이 공교롭게도 때가 같아 관계가 있는 것처럼 의심을 받게 될 때 쓰는 말.

낙타 바늘구멍 찾는 격
아주 어려운 것을 할 때 하는 말.

남의 떡이 커 보인다
내 것보다 남의 것이 더 많아 보이거나 좋아 보일 때 쓰는 말.

내 코가 석 자다
내 코가 석 자나 흘러 귀찮은데 남의 코 흐르는 걱정까지 하겠는가. 남 걱정할 여유가 없다는 뜻.

누워서 침 뱉기
누워서 침을 뱉으면 내 얼굴로 도로 떨어지는 것처럼 남에게 해를 끼치려다가 오히려 자신에게 해가 돌아온다는 뜻.

누워서 떡 먹기
편하게 누워서 떡을 먹는 것처럼 매우 쉬운 일을 뜻한다.

다 된 죽에 코 빠뜨리기
다 이루어져 가는 일을 망쳐 실패로 돌아갔을 때 쓰는 말.

다람쥐 쳇바퀴 돌듯
앞으로 나아가지 못하고 제자리걸음을 한다.

닭 잡아먹고 오리발 내민다
나쁜 일을 해 놓고 그 일이 드러나지 않게 엉뚱한 수작으로 남을 속이려고 한다.

닭 쫓던 개 지붕 쳐다본다
쫓던 닭이 날아 지붕 위로 올라가자 개는 하는 수 없이 쳐다만 본다는 뜻으로 하던 일이 실패하여 별수 없게 되었을 때 쓴다.

독 안에 든 쥐
피할 수 없는 위험한 지경에 이르렀을 때 하는 말.

마파람에 게 눈 감추듯
마파람은 뱃사람들이 남쪽에서 부는 바람을 이르는 말로, 음식을 매우 빨리 먹어 버리는 모습을 비유할 때 쓴다.

못된 송아지 엉덩이에 뿔 난다
나쁜 행동만 골라서 하는 사람을 비꼬아 일컫는 말.

미운 놈 떡 하나 더 준다
미운 사람일수록 잘 대해서 호감을 가지게 해야 한다는 뜻.

믿는 도끼에 발등 찍힌다
잘되리라고 믿고 있던 일이 어긋나거나 믿고 있던 사람이 배반하여 해를 입었을 때 하는 말.

불난 집에 부채질한다
남의 안된 일에 보태어 더 안되게 한다는 뜻으로, 상황을 더 나쁘게 하거나 화난 사람을 더 화나게 할 때 쓴다.

사촌이 땅을 사면 배가 아프다
일가친척이나 아는 사람이 잘되면 심술이 난다는 뜻으로 남의 일을 공연히 시기하는 사람을 두고 이르는 말.

쇠뿔도 단김에 빼라
쇠뿔도 뜨겁게 달아올랐을 때 빼야 빠진다는 뜻으로 무슨 일이든 시작하면 즉시 끝을 맺으라는 말.

숭어가 뛰니까 망둥이도 뛴다
자기 분수도 모르고 남이 하는 대로 따라 하는 사람을 이르는 말.

바늘 도둑이 소도둑 된다
나쁜 짓도 자꾸 하게 되면 나중에 큰 죄까지 저지르게 된다는 말.

방귀 뀐 놈이 성낸다
자기가 잘못을 하고 오히려 화를 낼 때 하는 말.

병 주고 약 준다
해를 입힌 후에 어루만지며 돕는다는 뜻으로, 교활하고 음흉한 행동을 비유한다.

배보다 배꼽이 더 크다
기본이 되는 것보다 덧붙이는 것이 더 클 때 하는 말.

쓰면 뱉고 달면 삼킨다
자신에게 이로운 것만 생각할 때 하는 말.

아닌 밤중에 홍두깨
별안간 엉뚱한 말을 내뱉거나 행동하는 것을 비유적으로 이르는 말.

앓던 이 빠진 것 같다
아프던 이가 빠진 것처럼 걱정이나 밀린 일이 시원하게 해결되었을 때 쓴다.

약방에 감초
한약을 만들 때 꼭 들어가는 감초처럼 어떤 일이든 빠지지 않고 끼는 사람을 이르는 말.

입이 열 개라도 할 말이 없다
말할 입이 하나가 아니라 열 개나 있다고 해도 할 말이 없을 정도로 상대방에게 미안한 경우에 쓴다.

옥에도 티가 있다
아무리 훌륭한 사람도 한 가지쯤은 결점이 있다는 뜻.

**재주는 곰이 넘고
돈은 주인이 챙긴다**
정작 일을 하는 사람은 따로 있고, 그 일로 인해 이득을 취하는 사람이 따로 있을 때 하는 말.

쥐구멍에도 볕 들 날이 있다
아무리 고생스러워도 언젠가는 형편이 풀릴 때가 온다는 뜻.

지렁이도 밟으면 꿈틀한다
아무 감각도 없어 보이는 지렁이도 사람이 밟으면 꿈틀하듯 아무리 착하고 순한 사람도 부당하게 건드리면 가만있지 않는다.

짚신도 제 짝이 있다
누구에게나 걸맞은 짝이 있다는 말.

언 발에 오줌 누기
꽁꽁 언 발에 오줌을 누면 그 순간은 따뜻하지만 나중에 그 오줌까지 얼게 되는 것에 빗대어 급해서 한 일이 더 나쁘게 되거나 효력이 오래가지 않는 경우에 쓴다.

엎드려 절 받기
상대편은 마음에도 없는데 이쪽에서 요구해서 억지 대접을 받는다는 말.

**열 길 물속은 알아도
한 길 사람 속은 모른다**
사람의 마음은 짐작으로 알기 어렵다는 뜻.

우물가에서 숭늉 찾는다
밥을 지은 밥솥에 물을 넣고 끓여야 얻을 수 있는 숭늉을 물을 긷기도 전에 찾을 만큼 성격이 급한 사람이나 과정을 건너뛸 때 하는 말.

원님 덕에 나팔 분다
남의 덕에 호강할 때 하는 말.

찬물도 위아래가 있다
무엇에든 순서가 있기 때문에 그 순서를 따라야 한다는 의미.

참새가 방앗간을 그냥 지나랴
자기가 좋아하는 곳은 지나치지 못하고 반드시 들러서 간다는 뜻.

첫술에 배부르랴
단 한 숟가락의 밥으로 배가 부를 수 없는 것처럼 무엇이든지 시작하면서부터 완전할 수 없다는 의미.

친구 따라 강남 간다
자기는 하고 싶지 않았으나 남에게 끌려서 쫓아 하게 되는 경우에 쓴다.

팔이 안으로 굽지 밖으로 굽지 않는다
사람은 누구나 자기와 가까운 사람에게 정이 더 쏠린다는 뜻.

팥으로 메주를 쑨대도 곧이듣는다
남의 말을 지나치게 믿는 사람을 놀림조로 이르는 말.

평양 감사도 저 싫으면 그만이다
아무리 좋은 일도 본인이 싫으면 할 수 없다는 뜻.

핑계 없는 무덤 없다
결과가 있는 것은 무엇이든 원인이 있기 마련이라서 잘못을 하더라도 변명하거나 이유를 댄다는 말.

하룻강아지 범 무서운지 모른다
태어난 지 얼마 안 되는 어린 강아지가 호랑이를 무서워하지 않는 것처럼 어리고 약한 사람이 강한 사람을 두려워하지 않고 철없이 굴 때 쓴다.

한 마리 고기가 강물을 흐린다
한 사람의 못된 행동이 사회에 큰 해를 끼칠 때 쓰는 말.

호랑이에게 물려 가도 정신만 차리면 산다
아무리 위급한 일이 일어나도 정신만 똑바로 차리고 있으면 위기를 모면할 수 있다는 뜻.

호미로 막을 것을 가래로 막는다
호미와 가래는 흙을 파헤치는 농기구로 가래가 호미보다 크다. 일이 크게 벌어지기 전에 대처했으면 수고가 덜 될 것을 그냥 내버려 두었다가 힘이 더 많이 들게 생겼을 때를 두고 하는 말.

호박이 넝쿨째로 굴러왔다
뜻밖에 횡재가 생겼을 때 하는 말.

황소 뒷걸음질 치다가 쥐 잡는다
의도하지 않았지만 자신의 행동으로 인해 우연히 좋은 일이 생겼을 때 쓴다.

속담 먹고 자라는 문해력

초판 1쇄 발행 2025년 5월 16일

글쓴이 정윤경　**그린이** 백명식
펴낸이 김명희　**편집** 이은희　**책임편집** 노현주　**디자인** 씨오디

펴낸곳 다봄　**등록** 2011년 6월 15일 제2021-000136호
주소 서울시 마포구 토정로 222 한국출판콘텐츠센터 305호
전화 02-446-0120　**팩스** 0303-0948-0120
전자우편 dabombook@hanmail.net　**인스타그램** instagram.com/dabom_books

ISBN 979-11-94148-30-2　74700
　　　979-11-94148-29-6　(세트)

* 책값은 뒤표지에 있습니다.
* 잘못 만든 책은 구입하신 곳에서 교환해 드립니다.

품명 아동 도서　**사용연령** 8세 이상　**제조국** 대한민국　**제조년월** 2025년 5월 16일　**제조자명** 다봄
주소 서울시 마포구 토정로 222 한국출판콘텐츠센터 305호　**연락처** 02-446-0120
주의사항 종이에 베이거나 긁히지 않도록 조심하세요. 책 모서리가 날카로우니 던지거나 떨어뜨리지 마세요.
* KC마크는 이 제품이 공통안전기준에 적합하였음을 의미합니다.